Hanno Kesting   Herrschaft und Knechtschaft

rombach hochschul paperback band 57
redaktion gerd-klaus kaltenbrunner

Gestartet in einer Periode leidenschaftlicher Diskussion über die möglichen Wege einer Hochschulreform, will die Sammlung »rombach hochschul paperback« als Beitrag zur Überwindung der Misere an den Universitäten verstanden sein. Auf ihrem Programm stehen durchweg Grund- und Einführungsvorlesungen aus allen natur- und geisteswissenschaftlichen Lehrfächern. In handlichen und preiswerten Ausgaben erscheinen jährlich an die zwanzig Vorlesungen aus deutschsprachigen Universitäten.
Die neue Reihe will die Vorlesungen nicht ersetzen, sondern ergänzen. Den akademischen Lehrern bietet sie die Möglichkeit, den mündlichen Vortrag sowohl zu entlasten als auch zu vertiefen; den Studenten liefert sie authentische Arbeitsunterlagen, die vom Zwang andauernden Mitschreibens befreien und den Rückgriff auf die oft unzuverlässigen »Skripten« überflüssig machen. Während die großen Lehrbücher für Studenten kaum erschwinglich sind und überdies angesichts der Akzeleration wissenschaftlicher Erkenntnis immer rascher veralten, sind die Bände der Sammlung »rombach hochschul paperback« bewußt auf die Bedürfnisse der Studierenden zugeschnitten und so konzipiert, daß sie den Erfordernissen der einzelnen Lehrgegenstände maximal entgegenkommen und in den häufig notwendigen Neuauflagen jeweils auf den letzten Stand gebracht werden können.
Über die für jede akademische Ausbildung unumgängliche Vermittlung von Fakten und Methoden hinaus bietet die Sammlung »rombach hochschul paperback« den Studierenden repräsentative Beispiele wissenschaftlicher Argumentation und Orientierung, die zur begrifflichen Schulung und Durchdringung des Wissensstoffes, vor allem aber zum kritischen Mit- und Weiterdenken stimulieren wollen.
Hervorgegangen aus Vorlesungen und bestimmt zur Vertiefung des in Vorlesungen erworbenen Wissens, sind die Bände der Sammlung »rombach hochschul paperback« eine authentische Dokumentation akademischen Unterrichts in einer Gesellschaft, die wie nie zuvor auf Wissenschaft, Forschung und Bildung angewiesen ist.

Hanno Kesting

Herrschaft und Knechtschaft

Die »soziale Frage« und ihre Lösungen

Verlag Rombach Freiburg

© 1973 Rombach+Co GmbH, Verlagshaus in Freiburg. 1. Auflage 1973. Alle Rechte vorbehalten. Gesamtherstellung durch das Druckhaus Rombach+Co, 78 Freiburg, Lörracher Straße 3. Printed in Germany. ISBN 3-7930-0977-7

Inhalt

Einleitung 7

1. Kapitel: Die Entstehung eines säkularen Mythos 11

  I. Die Entdeckung des »Sozialen«: Das patriarchalische Verhältnis von Herr und Knecht – Robinson und Freitag – Kolonisatoren und Eingeborene – Der Kampf um die neue Welt – Rückwirkung nach innen: Klassen – Opposition gegen Ludwig XIV. – Boulainvilliers: Rassen – Das »Soziale« – Öffentlichkeit 11

  II. Die zweite Stufe der Entfaltung: Gleichheit und Ungleichheit: Rousseau – Diderot – Volney – Ferguson – Adam Smith – Die entscheidenden Antithesen – Geschichtsphilosophische Konstruktionen 19

  III. Popularisierung und Vulgarisierung: Massenmythos – Der demagogische Gebrauch des Bildes – Choderlos de Laclos – Marquis de Sade – Abbé Siéyès – Guizot 28

2. Kapitel: Sozialismus und Sozialpolitik 34

  I. Die Phänomenologie des Geistes: Hegels Situation im Jahre 1806 – Napoleon – Revolution und Übergang – Die Dialektik von Herr und Knecht – Die Bedeutung der Arbeit – Substanz und Subjekt – Anerkennung 34

  II. Revolution in Permanenz: Die Lage nach 1814/15 – Lorenz von Stein – Leopold von Ranke – Alexis de Tocqueville – Arm und Reich – England: Burke – Malthus – Ricardo – Staatssozialismus: Fichte – Saint-Simon – Proletariat – Die Diagnose Heinrich Heines 41

  III. Marxismus: Die Revolution von 1848 – Weltgeschichte und Gegenwartsanalyse – Klassenkampf – Stände und Klassen – Hegel und Marx – »Knechte Gottes«: das Bündnis von Intelligenz und Proletariat – Mehrwert – »Expropriation der Expropriateure« 49

VI. Sozialpolitik: Konservative »Reaktion« – Konstantin Frantz – Lorenz von Stein – Klassengesellschaft – Kritik der sozialen Revolution – Anwendung auf das Wahlrecht – Terrorismus und Diktatur – »Soziale Reform« – Entmythologisierung der sozialen Frage – Staatliche Sozialpolitik – Die Bismarcksche Sozialgesetzgebung 56

3. Kapitel: Weltrevolution oder Sozialstaat? 66

I. England, Arbeiterschaft und Imperialismus: Benjamin Disraeli – Neokonservatismus – Die Sonderstellung Englands – Imperialismus als Lösung der sozialen Frage – Imperialismus und Sozialreform – Cecil Rhodes – Joseph Chamberlain – Halford J. Mackinder – Politischer Darwinismus – Benjamin Kidd – Die »Angelsächsische Rasse« – Karl Pearson – Einigkeit im Inneren – »Bewußte Rassenpflege« – Großräume – Seeley – Dilke – Rassenchauvinismus 66

II. Lenin und der Bolschewismus: 1903 – Lenins Diagnose von 1917 – Hobson und Hilferding – Die Bedeutung des Kapitalexports – Lenins Analyse des Imperialismus als des letzten Stadiums des Kapitalismus – Weltrevolution – Die dritte Internationale – Proletariat, Völker und Rassen – Der Feind und der Schuldige 79

III. Eine andere Alternative – der Sozialstaat? – Bolschewismus als Methode kurzfristiger Industrialisierung – »Wohlstand für alle«? – Colin Clark – Jean Fourastié – Dienstleistungsgesellschaft – Intensivierung der Binnenmärkte – Henry Ford: Massenproduktion und Massenkonsum – Hobson – John Maynard Keynes – »Daseinsvorsorge« und »Wohlfahrtsstaat« – Der Mythos von Herr und Knecht 84

Literaturhinweise 97

Namenverzeichnis 102

Einleitung

In Hegels »Pänomenologie des Geistes«, einem der erstaunlichsten Werke der europäischen Philosophiegeschichte, findet sich ein Kapitel mit der Überschrift: »Selbständigkeit und Unselbständigkeit des Selbstbewußtseins; Herrschaft und Knechtschaft«.
Dieses Kapitel ist zu hoher Berühmtheit gelangt, seit die französischen Existentialisten Hegel und insbesondere die »Phänomenologie« entdeckt haben. Der geheime »Papst« dieser Bewegung, ein hoher Beamter des Quai d'Orsay, Alexandre Kojève, ist in den Vorlesungen, die er von 1933 bis 1939 an der Ecole pratique des Hautes Etudes gehalten hat und die schließlich 1947 von Raymond Queneau unter dem Titel »Introduction à la lecture de Hegel« veröffentlicht worden sind, immer wieder auf die Dialektik von Herr und Knecht zu sprechen gekommen. Kojève betrachtet sie mit Recht als den Schlüssel zur Krypta des Hegelschen Denkens – eine Entdeckung, die übrigens schon Karl Marx gemacht hat.
Seit dem Hinweis Kojèves sind die Kommentare zum Herr-und-Knecht-Kapitel unübersehbar geworden, und nach dem Vorgang Sartres, Merleau-Pontys und Simone de Beauvoirs haben sich die mehr oder weniger sinnvollen Anknüpfungen derart gehäuft, daß auch die amerikanische Sozialwissenschaft etwas bemerken mußte: Reinhard Bendix, Professor für Soziologie an der Universität Kalifornien, hat 1956, in seinem Buch »Work and Authority in Industry«, eine Interpretation aus transatlantischer Sicht beigesteuert.
Es ist nicht unsere Absicht, die vielen geistvollen Auslegungen des berühmten Kapitels für Kenner und Liebhaber um eine Version zu bereichern. Hier kommt es auf etwas anderes an: Hegels Darlegungen in der »Phänomenologie des Geistes«

stehen weder isoliert, noch sind sie das Produkt der Phantasie eines bedeutenden Denkers. Sie beschließen vielmehr eine bestimmte, das 18. Jahrhundert durchziehende Tradition, die ihrerseits nicht allein eine entscheidende Phase der europäischen Sozialgeschichte reflektiert, sondern eine weltgeschichtliche Umbruchsituation zum Gegenstand hat: die Auflösung einer jahrhundertealten, ökonomisch auf der Landwirtschaft, soziologisch auf einer feudalen und halbfeudalen Ordnung des Großeigentums beruhenden Gesellschaftsverfassung. Dazu kommt noch etwas weiteres. Die schrittweise Auflösung des »Ancien Régime« wird weder von Hegel noch von seinen Vorgängern einfach beschrieben. Sie alle haben im Gegenteil dazu beigetragen, den bestehenden Verhältnissen den Anschein der Rechtmäßigkeit zu nehmen und ihnen die Legitimitätsgrundlage zu entziehen. Sie waren sich – vor allem die späteren unter ihnen – der Tragweite ihres Tuns durchaus bewußt. So schreibt Hegel, ein Jahr nach der Veröffentlichung der »Phänomenologie«, an seinen Freund Niethammer: »Die theoretische Arbeit, überzeuge ich mich täglich mehr, bringt mehr zustande in der Welt als die praktische; ist erst das Reich der Vorstellungen revolutioniert, so hält die Wirklichkeit nicht aus.« Dieser Satz beleuchtet schlaglichtartig, worum es sich handelt. Das Kapitel über Herr und Knecht mit seiner Lehre über die revolutionäre Macht der Arbeit steht in den Linien jener großen Auseinandersetzung, die etwa 1750 beginnt und 1789 in Frankreich offen zum Ausbruch kommt, ihre Energien in nahezu dreißig Kriegsjahren durch die gesamte Alte Welt trägt – von Madrid bis Moskau –, sich mit der von England ausgehenden Umwälzung der Produktionsweise verbindet und dabei, ein Land nach dem anderen ergreifend, zur »europäischen Revolution« ausweitet und den Kontinent ein ganzes Jahrhundert in Schach hält, um spätestens seit 1905 zur Weltrevolution zu werden.
In dieser säkularen Revolution spielt das Bild von Herr und Knecht von Anfang an eine entscheidende Rolle. An ihm entzünden sich die Antriebe und die Gegenantriebe. Revolutionäre und Konterrevolutionäre finden in ihm ihr Selbstverständnis, gewinnen aus ihm Haß, Mut, Hoffnung und die Bereitschaft zum Opfer. Es ist ein aufreizendes Bild, das schon früh mythische Kraft gewonnen und sich im Laufe der epochalen Auseinandersetzung zu einem echten Mythos gesteigert hat. Als

solcher ist es ablösbar von seinem Ursprung und kann unter den verschiedensten Verhältnissen seine Macht entfalten. Wenn Francisco Juliano, der Abgott der landlosen Massen im Nordosten Brasiliens, seine »Briefe an die Knechte« schreibt, so ist das offensichtlich eine späte Ausstrahlung des mythischen Bildes von Herr und Knecht:
»Was bist Du, Halbpächter, Pächter oder Knecht? Gibst Deine Arbeit, hast kein Recht. Bist vogelfrei. Heut im Norden, morgen im Süden. Arbeitest von morgens bis nachts. Von Sonntag bis Sonntag. Stirbst vor der Zeit. Hungerst. Bist müde. Deine Schule ist das Gefängnis. Deine Altersversorgung der Friedhof. Nichts hast Du. Der Lohn reicht zu nichts. Und der Hunger plagt Dich. Bist Sklave am Morgen, Sklave in der Nacht. Wachst auf als Sklave und schläfst ein als Sklave. Gibst der Kirche Almosen im Namen Jesu. Aber Jesus war ein Rebell. Deswegen wurde er gekreuzigt. Er ist bei Dir. Auch der gute Franziskus aus Assisi in Italien ist bei Dir. Und Mao Tse-tung aus China. Und Fidel Castro auf Cuba. Sie siegten, weil sie so waren wie Du. Und Du bist wie sie. Und wirst so sein.«
Das mag heute noch ein abgelegenes Beispiel sein, weltpolitisch nicht von Belang. Das aber gilt nicht für die Verfassung der Chinesischen Volksrepublik von 1954, die in den ersten Sätzen ihrer Präambel feststellt, der kommunistische Sieg von 1949 beende eine lange Ära der Unterdrückung und der Knechtschaft, und es gilt ebensowenig für die oft maßlosen Auslassungen über die Schrecknisse der »imperialistischen Sklaverei«, wie sie immer wieder aus der afro-asiatischen Welt zu hören sind. Als die Situation im Inneren der westlichen Welt und vor allen Dingen Europas sich zu entschärfen begann und insbesondere die europäische Industriearbeiterschaft aufhörte, sich als eine versklavte und ausgebeutete, entrechtete Klasse zu empfinden, proklamierte Lenin die Einheit der proletarischen und der »farbigen« Revolution, der europäischen Klassenkämpfe und der nationalen, antikolonialen Bewegungen in Asien, in Afrika und im Vorderen Orient. Berühmte europäische Historiker, allen voran Arnold J. Toynbee, machten sich diese Perspektiven zu eigen, indem sie dem »inneren« Proletariat ein »äußeres« hinzufügten und den Antikolonialismus als die Erhebung des »äußeren Proletariats« interpretierten.
Das internationale Klima war in den 40er und 50er Jahren für

eine solche Interpretation besonders günstig: Seit 1937, seit der berühmten Quarantäne-Rede Franklin D. Roosevelts, und in verstärktem Maße seit 1941, dem Eintritt der Vereinigten Staaten in den Zweiten Weltkrieg, ist in der Außenpolitik und in der weltumspannenden Propaganda dieses Landes unablässig die Rede von »Befreiung«, vom Kampf gegen die »Sklaverei« und vom »Selbstbestimmungsrecht der Völker«. Das politische Denken der Amerikaner, vom Trauma ihres eigenen, im Zeichen der »Freiheit« gegen die »Sklaverei« geführten Bürgerkrieges geradezu behext, ist kaum einer anderen Sprache fähig. Kein Wunder, daß seit Jahren ein weltpolitisches Gefälle im Sinne des Mythos von Herr und Knecht entstanden ist, wenn selbst diejenigen, gegen die er sich richtet und denen er das Wasser abgräbt, sich zu seinen Verbreitern aufgeworfen haben. Die Evidenz dieses Mythos, so scheint es, ist auch im 20. Jahrhundert unwiderstehlich. Im folgenden werden wir seiner Entstehung und seiner Entfaltung nachgehen und an diesem Leitfaden die Stadien verfolgen, die die »soziale Frage« durchlaufen hat.

1. Kapitel
Die Entstehung eines säkularen Mythos

I.

Die Entdeckung des »Sozialen« als einer eigenen Dimension der menschlichen Existenz fällt ins 18. Jahrhundert. Sie gewinnt ihren Sinn und ihre weittragende Bedeutung auf dem Hintergrund der Tatsache, daß die Ungleichheit der Menschen, die Unterscheidung sozialer Ränge und ein hierarchischer Aufbau der Gesellschaft jahrtausendelang nicht nur hingenommen, sondern auch als »natürlich« oder »gottgegeben« und »gottgewollt« betrachtet worden sind. Das ist die herrschende Lehre noch im 16. und 17. Jahrhundert, wenngleich sie schon gelegentlich bezweifelt wird. Im 18. Jahrhundert gewinnt dieser Zweifel geschichtliche Macht. Er dringt in breitere Schichten ein, wobei er an Radikalität gewinnt und schließlich zum offenen Aufruhr gegen die bestehenden Verhältnisse führt. Für diesen Vorgang ist die Entstehung und die Ausgestaltung des Bildes von Herr und Knecht ein gutes Symptom. In ihm vereinigen sich die verschiedensten Probleme mit den mannigfaltigsten, das praktische Verhalten und am Ende sogar das Handeln der Massen bestimmenden Interessen. Darauf beruht die entscheidende Rolle, die das Bild gespielt hat und noch heute spielt: es schaltet sozusagen hochintellektuelle und -komplizierte Gedankengänge um in emotionale und schlagend einfache Motive, die große Menschenmengen erfassen, in Bewegung bringen und ihre Aktionen auf der Bühne der Geschichte lenken. Die Entfaltung dieses Bildes vollzieht sich im 18. Jahrhundert auf drei klar unterscheidbaren Stufen.

Auf der ersten Stufe bezeichnet das Bild das patriarchalische Verhältnis von Herr und Knecht. Dieses wird als legitim und zu Recht bestehend vorausgesetzt. Der Herr ist dem Knecht nicht nur in jeder Beziehung überlegen, sondern steht zu ihm auch in einem väterlichen und fürsorglichen Verhältnis. Ein klassisches Beispiel hierfür ist die Beziehung zwischen Robinson Crusoe und dem ihm zugelaufenen Schwarzen in dem berühmten Buch von Daniel Defoe. Dieses Buch ist 1719 erschienen und gehört zu den meist gedruckten, meist gelesenen Büchern des 18. Jahrhunderts, wohl der Weltliteratur überhaupt. Es ist in nahezu alle Sprachen übersetzt worden und hat zahllose Nachahmungen gefunden. Noch heute gehört die Geschichte Robinsons, wenn auch zumeist in Form von Bearbeitungen und noch öfter von Verunstaltungen, zum eisernen Bestand der Jugendlektüre. Ihrer Intention nach ist sie freilich ganz etwas anderes als Lesestoff für Kinder. Die Geschichte ihrer Wirkung ist zwar noch nicht geschrieben, es läßt sich aber mit Sicherheit sagen, daß diese Wirkung gar nicht übertrieben werden kann: Robinson Crusoe ist eins jener Bücher, in denen das moderne bürgerliche Weltbild seine erste und zugleich klassische Ausprägung erfahren hat. Robinson auf seiner Insel ist geradezu ein Symbol des bürgerlichen, auf sich selbst und seine Arbeit gestellten Individuums, das alles, buchstäblich alles nur sich selbst verdankt – dessen ganze Existenz identisch ist mit seiner Leistung im Kampf ums Dasein und dessen Erfindungsreichtum bereits auf die industrielle Revolution verweist. Dabei hat das Buch noch gar nichts von der späteren »empfindsamen« Idyllisierung der Natur, wie sie erst mit Rousseau einsetzt und in der, von Robinson allerdings stark beeinflußten Erzählung »Paul et Virginie« des Bernardin de Saint-Pierre ihren gefühlsseligen Ausdruck findet. Robinson, der den »Wilden« Freitag vor den eigenen Artgenossen gerettet hat, macht diesen ausdrücklich zu seinem »Diener«:

»Auf mein Winken und meine Zeichen zur Ermutigung kam er näher und kniete alle zehn bis zwölf Schritte nieder, um seine Dankbarkeit dafür anzudeuten, daß ich ihm das Leben gerettet. Ich sah ihn lächelnd an und forderte ihn mit Winken auf, noch näher zu kommen. Endlich befand er sich dicht neben mir, kniete abermals nieder, küßte die Erde, legte den Kopf auf den Boden, ergriff meinen Fuß und stellte diesen auf seinen Kopf. Er wollte damit, wie es schien, andeuten, daß er für alle Zeit mein Sklave sein werde... Kurz, er suchte durch Zeichen der Unterwürfigkeit und demütigen Ergebenheit anzudeuten, daß er mir sein ganzes Leben hindurch treu zu dienen gewillt sei. Das meiste von

dem, was er sagen wollte, begriff ich auch, und ich gab ihm zu verstehen, daß ich mit ihm zufrieden sei.«
Gleich als erstes bringt Robinson ihm bei, ihn mit »Herr« anzureden. Auch bekehrt er ihn sehr bald zur christlichen Religion – deutlich, um seine Treue und das Unterwerfungsverhältnis religiös zu sanktionieren. Die Religion erscheint hier als ein Garant der Sozialordnung, soweit von einer solchen auf Robinsons Insel die Rede sein kann. Andererseits betrachtet Robinson sich selbst als Erzieher seines schwarzen Schicksalsgefährten. Das heißt: dieser ist nicht etwa ein von Natur anderes Wesen, ein Mittelding zwischen Mensch und Tier, sondern seinerseits ein Mensch, ein kindlicher zwar, aber eben doch ein Mensch.
»Frei von schlimmen Leidenschaften, von allem mürrischen Wesen und von jeder Arglist, ganz und gar mir ergeben, liebte er mich, wie das Kind seinen Vater.« Darauf hat Defoe großen Wert gelegt. Er schildert des langen und breiten das Mißtrauen, die Mißverständnisse, die gelegentlichen Rückfälle Freitags, um gerade dadurch dessen Menschsein um so deutlicher hervortreten zu lassen. »Ich erachtete es für meine Pflicht, ihn in allem zu unterweisen, was ihn nützlich und geschickt machen könnte... Er war der aufgewecktese Schüler, den man sich denken kann, voll Heiterkeit, von emsigem Fleiß und so voll Freude, wenn er mich zu verstehen oder sich mir verständlich zu machen vermochte, daß ich mich sehr gern mit ihm unterhielt.«
Freitag, der Diener und Knecht, ist Gegenstand der Erziehung – das aber heißt, er ist bestimmt, seinerseits erwachsen zu werden und damit aus der Bevormundung herauszuwachsen. Das ist möglich, da, wie Robinson sagt, Gott den Schwarzen »dieselben Geistesgaben verliehen, wie uns, dieselbe Vernunft, dieselben Neigungen, die gleichen Empfindungen des Wohlwollens und der Dankbarkeit, das gleiche Gefühl für Gutes und Schlechtes und dieselbe Empfindung für Aufrichtigkeit und Treue«. Und er fügt sogar hinzu: »Wenn es dem Schöpfer gefallen hätte, ihnen Gelegenheit zur Anwendung zu geben, so würden sie gewiß gerade so bereitwillig, ja noch bereitwilliger als wir sein, von ihren Gaben den rechten Gebrauch zu machen.«
Das Verhältnis von Robinson und Freitag, so wie Defoe es darstellt, spiegelt natürlich das Verhältnis der englischen Kolonisatoren zu den Eingeborenen, wie es sich der englischen

Öffentlichkeit oder zumindest breiten Kreisen Englands damals darzustellen begann. Mit anderen Worten: man begann die Kolonisation, die Landnahme in den neuentdeckten Gebieten jenseits der Ozeane in einem neuen Licht zu sehen. Jetzt taucht die Theorie auf, der zufolge die europäischen Völker und insbesondere England als »god's own country« dazu berufen sind, die »wilden« Völkerschaften zu zivilisieren und zu erziehen. Zu Beginn des 18. Jahrhunderts, als sich nach dem Frieden von Utrecht die Vorherrschaft Englands abzuzeichnen begann, hatte das einen konkreten politischen Sinn. Im Kampf um die Neue Welt, um den Besitz der »beiden Indien«, in dem England nacheinander Spanien, die Niederlande und schließlich, in sieben großen Kriegen, Frankreich niederkämpfte und seine einzigartige Stellung in der Welt ausbaute, ging es nicht nur um den Besitz der Länder jenseits der Ozeane, sondern auch um die überlegenen Rechtstitel der Inbesitznahme. Und wenn die Spanier sich dabei auf die Missionierung und Christianisierung beriefen, die Holländer und die Franzosen dagegen auf die reine »occupatio«, auf die Entdeckung, Eroberung und Besetzung als solche, so konnte die Zivilisierung, wie sie etwa Robinson an Freitag in schöner Reinheit und beinahe vollständiger Selbstlosigkeit vollzog, durchaus ein höheres und idealeres Recht abgeben – zumal die Zivilisierung in diesem Fall Christianisierung und »occupatio« einschloß ... Dazu kommt, wie schon bei John Locke so auch bei Defoe, die Arbeit, die Aneignung von Grund und Boden durch seine Kultivierung, die die Rechtmäßigkeit der Inbesitznahme wirkungsvoll ergänzt. Darauf werden wir später noch eingehen; es ist indessen wichtig zu sehen, daß die Frage von Herrschaft und Knechtschaft von Anfang an in einem direkten Zusammenhang steht mit den Fragen des Eigentums und seiner Verteilung. So heißt es am Schluß des Robinson Crusoe, als dieser seine, inzwischen bevölkerte Insel wieder besucht: »Außerdem teilte ich die Insel unter die Bewohner ein, behielt für mich zwar das Eigentumsrecht des Ganzen, überließ aber jedem der Kolonisten gerade die Landstrecken, die ihm am erwünschtesten waren.«
Ein solches Verhältnis von Herr und Knecht, wie es Defoe zwischen Robinson und Freitag und damit zwischen Kolonisatoren und Eingeborenen konstruiert und als vorbildlich hinstellt, mußte seine Konsequenzen haben auch in bezug auf innereng-

lische Verhältnisse. Wenn man sogar die Wilden als Menschen betrachtete, die eines Tages mündig werden sollten, so konnte man den Unterschichten des eigenen Landes diese Aussicht nicht gut vorenthalten. Das war freilich eine Schlußfolgerung, die Defoe nicht ausdrücklich zieht, die ihm jedoch, wie viele Bemerkungen zeigen, nicht fremd war. Kaum ein halbes Jahrhundert später, 1767, schreibt ein Autor der schottischen Schule, Adam Ferguson, ein unmittelbarer Vorgänger von Adam Smith, in seinem »Essay on the History of Civil Society«: »Mit dem Fortschreiten der Gewerbe und der Politik werden die Angehörigen eines jeden Staates in Klassen eingeteilt, und bei Beginn dieser Teilung ist kein Unterschied strenger als der zwischen dem Krieger und dem friedlichen Einwohner. Nicht mehr als das ist erforderlich, um die Menschen in das Verhältnis von Herrn und Sklaven zu versetzen. Selbst wenn die Härten bestehender Sklaverei gemildert werden, wie das im modernen Europa als Folge des Schutzes und des Eigentums eingetreten ist, die dem Handwerker und Landmanne zugestanden wurden, dient dieser Unterschied noch weiter dazu, den Edelmann vom gemeinen Manne zu trennen und diejenige Klasse der Menschen zu kennzeichnen, die bestimmt ist, in ihrem Lande zu herrschen und zu regieren.«

Das ist indessen ein Sachverhalt, dem Ferguson in aller Deutlichkeit kritisch gegenübersteht.

Entscheidend aber ist bei alledem, daß schon bei Defoe und noch entschiedener bei den späteren Autoren das Verhältnis der sozialen Über- und Unterordnung seine Fixiertheit, seinen Natur- und Ewigkeitscharakter verliert. Es wird, und zwar in extremer Zuspitzung – als Verhältnis von Schwarz und Weiß; ein erster Zusammenhang von Rassen- und Klassenfragen –, dynamisch gesehen, als veränderlich und aufhebbar betrachtet. Das ist in jeder Beziehung außerordentlich. Es bedeutet einen Einbruch nicht nur in das theologische Weltbild, das, wenngleich in verblaßter Form damals noch immer maßgebend ist, sondern auch in das Sozialgefüge der absolutistischen Staatsordnung. Das ist freilich in England an der Wende des 17. zum 18. Jahrhundert, dreißig Jahre nach der »glorious revolution« von 1688, also nach dem tatsächlichen Durchbruch der Gentry und des Großbürgertums zur politischen Macht, nicht nur verständlich, sondern liegt auch im Sinne der geschichtlichen Bewegung.

In Frankreich läßt sich, etwa gleichzeitig, ein anderer Vorgang beobachten, der, rein äußerlich, mit der Opposition gegen den Absolutismus Ludwigs XIV. zusammenhängt. Diese Opposition hat sich eine eigene, zum Teil sogar bedeutende Literatur geschaffen; wir erinnern lediglich an die Namen Fénélon, Vauban, Boisguillebert oder Saint-Simon, die sich um die große Hoffung des damaligen Frankreich, den Herzog von Burgund, gruppierten. Schon 1689 war eine eigentümliche Sammlung protestantischer Pamphlete erschienen unter dem bezeichnenden Titel: »Les soupirs de la France esclave qui aspire après la liberté« – zu deutsch: »Das Seufzen des versklavten Frankreich, das sich nach Freiheit sehnt«; das Buch knüpft ausdrücklich an die englische Revolution von 1688 an. Von einem anderen Flügel dieser Opposition stammen die Werke des Comte de Boulainvilliers, insbesondere seine »Mémoires historiques sur l'ancien gouvernement de France«, die 1727, fünf Jahre nach dem Tode des Verfassers, veröffentlicht, indessen schon lange vorher in Abschriften herumgereicht wurden. Die »Mémoires historiques«, ein in vieler Beziehung konfuses und, trotz des Verfassers jahrelangem Stöbern in Archiven, nicht besonders kenntnisreiches Werk, gehören dennoch zu den einflußreichsten Arbeiten des 18. Jahrhunderts. Augustin Thierry und nach ihm Ernest Seillière haben die Wirkung der Boulainvillierschen Theorie beschrieben und nachgezeichnet – eine Wirkung, die wie so oft nicht zuletzt auf einer Reihe von Widerlegungen und Gegenschriften beruht, deren erste und vielleicht intelligenteste aus dem Jahre 1734 stammt und den Abbé Dubos zum Autor hat. Seitdem ist der Streit nicht abgerissen; wie die Soziologie von Franz Oppenheimer und seiner Nachfolger zeigt, insbesondere das Werk Alexander Rüstows, hat er bis heute seine Aktualität keineswegs verloren.

Dabei ist die Theorie Boulainvilliers' einfach, um nicht zu sagen schlicht. Sie behauptet, es gäbe in Frankreich zwei Völker oder, wie der Graf sagt, zwei Rassen. Sie gehen zurück auf die Eroberung Frankreichs und die Unterwerfung der französischen Ureinwohner, der Gallier und der Kelten, durch die Franken unter ihren merowingischen Königen. Chlodwig war dabei nicht etwa ein zweiter Alexander, ein absoluter Herrscher, der sozusagen für eigene Rechnung und auf eigene Kosten eroberte; er war vielmehr nur der gewählte Anführer eines aus dem norddeutschen Raum stammenden freien Adelsheeres, diesem durch eine Art von »Feudalvertrag« verbunden und verpflichtet. Erst die Kapetinger »usurpierten« die Macht des absoluten Königtums, wobei sie der Klerus durch die feierliche Salbung der Könige begünstigte und unterstützte. Als Nutzanwendung für die Gegenwart, das heißt für die letzte Zeit Ludwigs XIV., folgt daraus, daß die eigentliche, wahre, weil historisch ursprüngliche Verfassung Frankreichs vom erobernden Adel aus den germanischen Wäldern mitgebracht worden ist. Demnach gehört der französische Staat, kraft des Eroberungsrechts, wie es das damalige Völkerrecht nahezu allgemein anerkennt, dem Adel in seiner Gesamtheit, als den Nachfolgern der fränkischen Eroberer. Der König ist nur »primus inter pares«, und der Dritte Stand besitzt keine politischen Rechte.

Boulainvilliers war, wie man gesagt hat, der Prototyp des feudalen Reaktionärs. Als solcher polemisiert er nach zwei Seiten. Seine Theorie richtet sich einmal gegen den Absolutismus des französischen Königtums, speziell gegen Ludwig XIV. Boulainvilliers meldet also die Ansprüche der französischen Aristokratie an die Krone an und beruft sich zu diesem Zweck auf die Geschichte. Andererseits aber – und das ist in unserem Zusammenhang wichtiger – konstatiert er eine »natürliche«, genauer: eine »rassische« Überlegenheit des Adels über das Volk; denn die Tatsache der Eroberung beweist die physische und die moralische Überlegenheit der »race conquérante«. Womit er die Ansprüche des Dritten Standes auf Gleichberechtigung, so zaghaft, vorsichtig und versteckt sie zu seiner Zeit auch noch vorgetragen wurden, abwehrt und in ihre Schranken weist. Im fränkischen Reich, dessen Höhepunkt und Glanzzeit für Boulainvilliers durch Karl den Großen bestimmt ist, waren das Volk und der Mittelstand, die Nachfolger der unterworfenen Gallier und Kelten, politisch ohne jede Bedeutung, weil, wie Boulainvilliers sagt, »das Volk Sklave war oder, wenn man diesen Ausdruck zu hart findet, es nur der Handarbeit und der Landwirtschaft oblag«.

Das waren gefährliche Anschauungen, die sich offenbar sehr leicht beim Wort nehmen ließen, wie es tatsächlich in der Folgezeit geschah. Dabei ist es wichtig und folgenreich, daß in Frankreich außenpolitische Überlegungen und völkerrechtliche Argumente auf die Lage im Inneren übertragen werden, wohingegen in England, wie wir gesehen haben, genau das Gegenteil der Fall ist. Während England die Welt erobert, bereitet sich in Frankreich die Eroberung der Macht durch den Dritten Stand vor.

In den Erörterungen, die sich an den Lehren Boulainvilliers' entzünden und die zunächst freilich auf relativ kleine Kreise beschränkt bleiben, kündigt sich eben jene Entdeckung an, der es bestimmt war, Geschichte zu machen und die Welt von Grund auf zu verändern – die Entdeckung des »Sozialen« als einer besonderen Seite der menschlichen Existenz. Was ist dieses »Soziale«?

An diesem Punkt kommt alles darauf an, den Neutralisierungen des 19. Jahrhunderts nicht zu erliegen und das Soziale nicht mit dem menschlichen Zusammenleben schlechthin gleichzusetzen. Setzte man dies gleich, so würde daraus zwingend folgen, daß schon die finstersten Zeiten der Vor- und Frühgeschichte eine »soziale Frage« kannten... Ein derartiges Mißverständnis, für das zum Beispiel Ludwigs Steins dickleibiges, mehrfach aufgelegtes und öfters übersetztes Werk »Die soziale Frage im Lichte der Philosophie« typisch ist, betrachtet das Soziale als das »Gesellschaftliche« und stellt dann *die* »Gesellschaft« *dem* »Staat« gegenüber. Das liegt zwar auf der Linie der großen Entdeckung des 18. Jahrhunderts, nimmt aber dem Phänomen den spezifisch geschichtlichen und einmaligen Charakter. Das Soziale, das zu Anfang des 18. Jahrhunderts in das Bewußtsein eintritt, ist nicht die Tatsache, daß Menschen soziiert sind – das wäre trivial und war es auch damals. Das Soziale ist auch nicht primär die »bürgerliche Gesellschaft«, die ihren Feind im »Staat« und den ihn tragenden Schichten erblickt. Das Soziale ist schließlich nicht einfach das Faktum des »Oben« und »Unten«, sondern der von bestimmten Gruppen und Schichten als ungerecht und unberechtigt empfundene Sachverhalt der Über- und Unterordnung – von Herrschaft und Knechtschaft. Ein Sachverhalt darüber hinaus, der dringend Änderung erheischt.

Es ist klar, daß diese Gruppen und Schichten nicht einfach ihre eigene, sondern die allgemeine Gleichheit und Gleichberechtigung verlangen. Sie nehmen hinter der Allgemeinheit Deckung – das ist die Ausgangsposition – und schieben das Gesamtinteresse vor. Auch das gehört zum Begriff des Sozialen. Das »Soziale« ist als das »Allgemeine« ferner etwas »Öffentliches«: die Fähigkeit besagter Gruppen und Schichten zur Kritik, zur

Diskussion, zur rationalen Erörterung und zur schriftlichen Darlegung – mit anderen Worten: ihr Bündnis mit den Intellektuellen oder, was dasselbe sagt, deren Herkunft aus eben diesen Kreisen kommt hier zu Wort und Anspruch. »Öffentlich« soll alles vor sich gehen, da man die Schlüsselpositionen der Öffentlichkeit, die Instrumente zur Bildung und Lenkung der »öffentlichen Meinung« beherrscht. Das Soziale ist somit der Raum, der sowohl »allgemein« als auch »öffentlich« ist: der Raum, in dem die »soziale Frage« aufgeworfen wird und die »soziale Revolution« stattfindet, die Machtergreifung derer, die die soziale Frage propagieren und sich ihre Lösung vorbehalten. Mit der Entdeckung des Sozialen tritt die Revolution in die moderne Geschichte ein – jene Art von Umwälzung, die ganze Bevölkerungen mobilisiert, das überlieferte Sozialgefüge zertrümmert und, wie wir sehen werden, ein Legitimitätsprinzip durch ein anderes ersetzt.

II.
Das alles sind natürlich späte Erkenntnisse. Die geschichtlichen Bewegungen werden selten durch echte Selbsterkenntnis ihrer Träger behindert. Immerhin wird auf der zweiten Stufe der Entfaltung des Bildes von Herr und Knecht einiges deutlich. Diese Stufe ist durch zweierlei gekennzeichnet: erstens durch die ausdrückliche Frage nach dem Ursprung und dem Wesen der sozialen Ungleichheit – eine Frage, die im Sinne unserer Kennzeichnung des Sozialen dem Glauben, zumindest dem vorgeblichen Glauben an eine mögliche Gleichheit entspringt. Denn nur für diesen ist die Ungleichheit nicht selbstverständlich, sondern einer Erklärung bedürftig – bildet sie überhaupt ein Problem. Zweitens aber nimmt auf dieser Stufe die Konstruktion von Herr und Knecht ihre ausgesprochen revolutionäre Form an, insofern nicht allein die provokanten, das Soziale formulierenden und zum Ausdruck bringenden Forderungen hier zusammenfließen, sondern der Knecht und der Diener auch mit einer spezifischen Überlegenheit ausgestattet werden, wofür Diderots kauziger Roman »Jacques le fataliste« ein charakteristisches Beispiel ist. Beide Punkte hängen natürlich eng miteinander zusammen.

Die Frage nach dem Ursprung der Ungleichheit ist bekanntlich im Jahre 1754 von der Akademie in Dijon mit aller Offenheit als Preisfrage ausgeschrieben worden. Sie lag damals in der Luft. Schon 1745 hatte die Académie Française die Frage gestellt nach der ungleichen Verteilung der Güter, allerdings sehr viel vorsichtiger und in Anlehnung an einen der Sprüche Salomonis, der der Beantwortung offenbar die Richtung weisen sollte. Der »Discours sur l'inégalité des richesses« des liebenswürdigen, wohl auch etwas naiven Marquis de Vauvenargues fügt sich dem denn auch: er stellt die ökonomische und die soziale Ungleichheit als ewig und unabänderlich dar, und die Französische Akademie stand nicht an, ihm den Preis zuzuerkennen. Nicht prämiiert dagegen wurde der »Discours sur l'origine de l'inégalité«, in dem Rousseau die Frage der Akademie von Dijon einer Antwort unterzog. Das ist leicht verständlich; bereits die Fragestellung Rousseaus enthält eine Kampfansage gegen die damalige Gesellschaftsordnung.

»Ich finde zweierlei Ungleichheiten in dem Menschengeschlechte. Die eine nenne ich die natürliche oder physische, weil sie aus der Natur herrührt; sie besteht in dem Unterschiede des Alters, der Gesundheit, der Körperkräfte und der Geistes- oder Seelenbeschaffenheiten. Die andere kann die moralische oder die bürgerliche Ungleichheit genannt werden... Sie besteht in den verschiedenen Vorrechten, welche die einen auf Unkosten der anderen genießen, z. B. reicher, geehrter, mächtiger zu sein als andere, wohl auch sie unter seinem Gehorsam zu haben.«

Nicht Geringeres also als die Entstehung von Herrschaft und Knechtschaft steht zur Diskussion, und zwar so, daß die Mißbilligung dieses Verhältnisses in seiner bestehenden Form von vornherein über jeden Zweifel erhaben ist.

Die Antwort Rousseaus ist berühmt geworden. Sie erfolgt im zweiten Teil des Discours, nachdem im ersten die Paradiese des Naturzustandes und die Wonnen der natürlichen Gleichheit ausgiebig geschildert worden sind. »Der erste, der ein Stück Feld einzäunte und sich dabei einfallen ließ zu sagen: Dieses ist mein, und auch Leute fand, die einfältig genug waren, es ihm zu glauben – dieser ist der eigentliche Stifter der bürgerlichen Gesellschaft gewesen. Was für Verbrechen, für Kriege, für Mordtaten, was für Elend, was für entsetzliche Dinge wären dem Menschengeschlechte nicht erspart worden, wenn jemand die

Pfähle ausgerissen, den Graben zugeworfen und dabei ausgerufen hätte: Hütet euch, auf diesen Betrüger zu hören! Ihr seid verloren, wenn ihr vergeßt, daß die Früchte für jedermann da sind und daß der Erdboden niemandes Eigentum ist.«

Das ist der Sündenfall: die Begründung der Gesellschaft auf der Basis des Eigentums. Damit aber ist das Eigentum zugleich näher charakterisiert. Es entsteht aus einem Akt der Aneignung; jemand macht sich zu eigen, was eigentlich allen oder niemandem gehört. Wie Rousseau sagt: »So schufen die Mächtigsten oder Schlechtesten sich aus ihrer Stärke oder aus ihrem Bedürfnis eine Art von Recht auf das, was anderen gehörte, einen Ersatz, wie sie meinten, für das ihnen fehlende Eigentum, und es folgte auf die Verletzung der Gleichheit die abscheulichste Unterordnung. So erstickten die Usurpationen der Reichen die Räubereien der Armen, die zaumlosen Leidenschaften aller, das natürliche Mitleid sowie die noch schwache Stimme der Gerechtigkeitsliebe und machten die Menschen zu Geizigen, zu Ehrsüchtigen und zu Schlechtgesinnten.«

Mit der Entstehung des Staates wird dieser Zustand gleichsam legalisiert, ohne daß das Eigentum seinen usurpatorischen Charakter damit verlöre. Die Herren, durch die Gesetze daran gehindert, über die Schwächeren herzufallen, beuten jetzt die Knechte aus, indem sie sie für sich arbeiten lassen. So beruht das Eigentum nicht nur auf dem Diebstahl, es ist vielmehr auch der Diebstahl in Permanenz.

Der Zusammenhang solcher Gedankengänge mit den Theoremen Boulainvilliers' ist offenkundig. Beide decken sich auf weite Strecken, wobei sich freilich die Rassen- in eine Klassentheorie verwandelt. Die Usurpation, die Eroberung wird als der Anfang anerkannt, bei Rousseau allerdings ganz anders bewertet als bei Boulainvilliers. Rousseau stellt ausdrücklich fest, daß »das Recht der Eroberung ... eigentlich kein Recht« sei, auf das sich daher auch kein Rechtsanspruch zu gründen vermöge. Aber wenn die Eroberung auch kein Recht fixiert, so erklärt sie doch den gegenwärtigen Zustand der Sozialordnung. Mehr noch: sie dient dazu, die sehr komplexe Gliederung des Ancien Régime auf das elementare Verhältnis von Eroberern und Unterworfenen, von Herren und Knechten zu reduzieren – was damals noch weniger als irgendwann irgendwelcher sozialen Realität entsprochen hat. Die Argumentation von Boulainvilliers also wird aufgegriffen, auf den Kopf gestellt und mit der Konsequenz einer radikalen Aufspaltung der Gesellschaft in zwei heterogene Teile weiterhin mythisiert. Die Klassentheorie und in ihrem Zentrum das mythische Bild von Herr und Knecht sind – darauf hat Ernest Seillière zuerst hingewiesen – die Antwort des Dritten Standes, das heißt: des französischen Bürgertums auf die Begründung der Stellung und der Privilegien des Adels auf das Argument einer erobernden Rasse. Hier liegt die exemplarische Bedeutung des Rousseauschen »Discours«, der im übrigen nur eine in einer ganzen Reihe von Schriften ist, in der diese Umkehrung sich vollzieht. In diesen Schriften der Duclos, Morelly, Mably und zahlloser anderer werden die Argumente bereitgestellt, die Ende 1787, bei der Einberufung der Notablen, und noch mehr 1789, bei der Einberufung der Generalstände, eine praktisch-politische Bedeutung erhielten.

Denselben Effekt erreicht Diderots Roman »Jacques le fataliste et son maître« auf eine sehr viel liebenswürdigere, auf humorvolle und geistreiche Weise, ohne alle Dogmatik und ohne das schwere Gepäck eines hypothetischen Naturzustandes. Der Roman entstand 1773. Er lehnt sich in Form und Inhalt an »Tristram Shandy« von Lawrence Sterne an, dessen erste Teile 1760 und dessen Schluß 1767 erschienen waren. Insbesondere das Verhältnis von Onkel Toby und seinem Diener, dem Sergeanten Trim, gab das Vorbild ab für die Beziehung zwischen Jacques und seinem Herren. Die vielerörterte Frage des Plagiats, über die sich Diderot selbst am Ende seines Romans lustig gemacht hat, können wir auf sich beruhen lassen. Hier geht es um den Kern der Sache – um den Widerspruch zwischen der sozialen Überlegenheit des Herrn, der sich durch seine Befehle immer durchsetzen kann, und der menschlichen und intellektuellen Überlegenheit des Dieners und Knechtes Jacques. Das kommt vor allen Dingen im Gang der Handlung zum Ausdruck, wird aber auch offen ausgesprochen. Wir zitieren, statt vieler, eine einzige Passage, die den gesellschaftskritischen, geradezu subversiven Geist des Buches deutlich werden läßt und die, wie wir noch sehen werden, für die Hegelsche »Phänomenologie« von entscheidender Bedeutung ist.

»Setzen wir also fest: Zum ersten: ich sei Euch unentbehrlich, und da ich fühle und weiß, daß Ihr ohne mich nicht leben könnt, werde ich diese Vorteile mißbrauchen, so oft und jedesmal, wenn sich eine Gelegenheit dazu bietet.«

»Aber Jacques, noch nie hat man etwas Ähnliches verträglich festgesetzt.«

»Festgesetzt oder nicht festgesetzt! Das kam seit jeher vor, kommt heutzutage vor und wird vorkommen, solange die Welt besteht. Glaubt Ihr, die andern haben nicht, wie Ihr, versucht, sich diesem Gesetz zu entziehen? Und glaubt Ihr etwa, Ihr seid geschickter als sie? Gebt diesen Gedanken auf und unterwerft Euch dem Gesetz einer Notlage, dem Euch zu entziehen nicht in Eurer Macht steht. Setzen wir also fest: Zweitens: In Anbetracht dessen, daß es Jacques ebenso unmöglich ist, seine Überlegenheit und seine Stärke seinem Herrn gegenüber nicht zu kennen, wie es für seinen Herrn ausgeschlossen ist, seine Schwäche zu verkennen und seine Unterlegenheit und seine Nachsicht abzulegen, so muß und darf Jacques unverschämt und anmaßend sein, und um des lieben Friedens willen soll sein Herr darüber hinwegsehen. All das hat sich ohne unser Wissen ergeben; all das ward dort oben besiegelt in dem Augenblick, als die Natur Jacques und seinen Herrn erschuf. Es wurde damals beschlossen und festgelegt, daß Ihr den Titel führen sollt, daß aber ich im Besitz der Sache sein solle...«

»Aber in diesem Fall wäre Dein Anteil besser als der meine... Aber in diesem Fall brauche ich bloß noch Deinen Platz einzunehmen und Du den meinen.«

»Wißt Ihr, was dann geschehen würde? Ihr würdet den Titel verlieren und die Sache auch nicht besitzen. Bleiben wir, wie wir sind – wir befinden uns beide dabei recht wohl. Und der Rest unseres Lebens soll dazu verwendet werden, ein Sprichwort zu schaffen.«

»Was für ein Sprichwort?«

»›Jacques führt seinen Herrn am Gängelband‹. Wir werden die ersten sein, von denen man das sagt. Aber von tausend anderen wird man's auch sagen, die mehr wert sind als Ihr und ich.«

Jacques ist seinem Herrn vor allem als »Philosoph« überlegen, aber ebenso als Knecht und Diener, weil er nämlich als solcher arbeitet, allerlei Verrichtungen nachgeht und sich dadurch, wie wir gehört haben, »im Besitz der Sache« befindet, wohingegen der Herr lediglich den »Titel« führt und sein Leben genießt. Diese Gegenüberstellung von »Sache« und »Titel«, ferner von

»Arbeit« und »Genuß« durchzieht das ganze 18. Jahrhundert. Auch diese Antithese steht in einem unmittelbaren Zusammenhang mit der Theorie von Boulainvilliers, sie ergibt sich, wie vieles andere, aus deren Umkehrung. So schreibt Rousseau in seinem »Emile« von 1761: »Wer, im Nichtstun, etwas genießt, was er nicht erworben und erarbeitet hat, der stiehlt. Ein Rentner, der vom Staat lebt, ohne daß er etwas täte, unterscheidet sich in meinen Augen kaum von einem Straßenräuber, der auf Kosten der Vorüberziehenden lebt... Arbeit ist eine unerläßliche Pflicht für den sozialen Menschen; ob reich oder arm, ob mächtig oder machtlos, jeder Nichtstuer ist ein Spitzbube – tout citoyen oisif est un fripon.«

Im gleichen Sinne fordert die »Enzyklopädie« Gesetze gegen die Faulheit; denn die Arbeit ist es, die den Menschen zu einem »nützlichen« Mitglied der Gesellschaft macht. Und in den »Ruinen« von Volney, die 1791, also während der Revolution, erschienen sind, werden die Konsequenzen rücksichtslos gezogen. In einem Dialog zwischen Adel und Volk läßt der Verfasser das Volk ausrufen:

»Was! Wir arbeiten und ihr genießt? Wir erzeugen und ihr verschwendet? Die Reichtümer rühren von unserer Arbeit her, und ihr eignet sie euch an?«

Der Adel wendet dagegen ein:

»Volk! Hast du vergessen, daß unsere Ahnen dies Land erobert haben und daß eurem Geschlecht nur unter der Bedingung das Leben geschenkt ward, daß es uns diene?«

Darauf das Volk:

»Reine Rasse der Eroberer! Zeigt uns doch eure Stammbäume. Wir werden dann sehen, ob das, was bei dem Individuum Raub und Diebstahl heißt, an einer Nation zur Tugend wird.«

Es versteht sich, daß auch die scheinbare wertfreie Unterscheidung von »produktiven« und »unproduktiven« Kräften innerhalb einer Volkswirtschaft, wie sie, mit wechselnder Verteilung der Rollen, seit den Physiokraten in der politischen Ökonomie üblich wird, von ähnlichen Affekten und Gegensätzen bestimmt ist, wie sie Volney ohne alle Scheu und unter Verzicht auf jede Tarnung zum Ausdruck bringt. Immerhin lesen wir in dem schon genannten Werk von Ferguson folgenden, freilich sehr vorsichtig formulierten und als Hypothese vorgetragenen Gedankengang:

»Wenn das Geschick der Nationen und ihre Trägheit zum

Steigen oder Fallen zu beurteilen wäre, indem man nach den Grundsätzen des vorhergehenden Kapitels die Posten von Gewinn oder Verlust einfach gegeneinander abwägt, dann würde jedes politische Argument auf einem Vergleich zwischen nationaler Ausgabe und nationaler Einnahme beruhen, auf einem Vergleich zwischen der Anzahl derer, welche die zum Leben notwendigen Güter verbrauchen, und denen, welche diese Dinge erzeugen oder anhäufen. Die Listen der Fleißigen und der Faulen würden alle Arten von Menschen in sich schließen, und selbst der Staat, dem nur so viele Beamte, Politiker und Krieger zuzusprechen wären, als zu seiner Verteidigung und Regierung gerade notwendig sind, müßte jeden Namen auf seine Verlustrechnung setzen, der auf der bürgerlichen oder militärischen Liste überzählig ist... Der Wert jeder Person würde, kurz gesagt, nach ihrer Arbeit bemessen werden und der der Arbeit selbst, je nachdem sie geeignet wäre, Unterhaltsmittel zu verschaffen und anzusammeln.«

Bei Adam Smith, in seiner ›Untersuchung über den Wohlstand der Nationen‹ von 1776, finden wir dieses Prinzip ökonomisch konsequent durchgeführt – einschließlich ganzer Listen der produktiven und der unproduktiven Teile der Gesellschaft, mit subtilen und sogar kasuistischen Differenzierungen und nicht ohne die Bemerkung, daß die einen von der Tätigkeit der anderen leben; was im übrigen bereits im ersten Satz des berühmten Buches enthalten ist. In Verbindung mit dem Bilde von Herr und Knecht entwickelt sich daraus jene Lehre von der Ausbeutung, die als eine Fortsetzung der Eroberung und der Raubzüge der Vergangenheit erscheint – eine Theorie, die im 19. Jahrhundert in aller Klarheit ausgeformt wird, die aber im 18. bereits vorgebildet ist.

Soweit einige Beispiele, die zwar nicht beliebig zusammengestellt, aber eben doch nur Beispiele sind. Es gibt kaum einen Autor des 18. Jahrhunderts, der sich nicht des Bildes von Herr und Knecht in irgendeiner Form bedient hätte. Die großen Schlagwörter der Zeit, ihre starken, epochemachenden Antithesen wie »Arbeit« und »Genuß«, »Despotismus« und »Freiheit« leben aus der Kraft dieses Bildes, dessen bestechende Einfachheit nicht allein die verwirrende Fülle sozialer, wirtschaftlicher und politischer Sachverhalte ordnet, sondern das auch geeignet ist, Gefühle, Emotionen und Affekte in Wallung zu bringen: es handelt sich um ein Bild, das Recht und Unrecht mit der Eindeutigkeit von Licht und Finsternis verteilt – das die Gesellschaft in »herrschende« und »beherrschte«, »arbeitende« und »genießende«, »produktive« und »unproduktive«, »nützliche« und »überflüssige«, mit einem Wort: in »gute« und »böse« Schichten und Gruppen aufgegliedert, wobei die »Guten« darauf zielen, die herrschenden Zustände zu überwinden, wohingegen die »Bösen« sich dem widersetzen. Daraus ergibt sich, daß die einen »fortschrittlich«, die anderen »reaktionär« sind. Schließlich kann kein Zweifel sein, daß die »Unterworfenen«, die »Diener« und »Knechte« die Sache des »Menschen« schlechthin vertreten, während die »Herren« sich als »Unmenschen« qualifizieren. Daß dabei sehr viel Haß, alle nur denkbaren Ressentiments, jede Art von Neid, Mißgunst und Habgier zu gutem Namen kommt und als Freiheitsbegeisterung, als Menschenliebe, als Streben nach dem »Höheren« und nicht zuletzt als reiner, selbstloser Idealismus auftreten kann, bedarf kaum der Erwähnung.

Das Bild von Herr und Knecht verbindet sich sehr oft mit geschichtsphilosophischen Konstruktionen und Spekulationen. Das zeigt sich schon bei Boulainvilliers und Rousseau. Eine solche Verbindung liegt nahe: Das Bild – als eine Diagnose des gegenwärtigen Zustandes – fordert eine historische Herleitung eben dieses Zustandes – und das um so mehr, als dieser als ein Durchgangsstadium, als eine Stufe im fortschreitenden Gang der Geschichte betrachtet wird. Das ist nahezu überall der Fall. Infolgedessen aber muß die Aufspaltung der Gesellschaft in Herren und Knechte nicht nur überwunden werden, weil sie in sich ungerecht ist, sondern auch, weil die fortschreitende Geschichte unmöglich bei einer so beschaffenen, ungerechten Zweiteilung stehenbleiben kann. Der Fortschrittsgedanke, der Kern der Geschichtsphilosophie des 18. Jahrhunderts, legt es darüber hinaus nahe, verändernd und gestaltend in die Geschichte einzugreifen – alles zu tun, um den Fortschritt zu beschleunigen und auf diese Weise das Ziel und Ende der Geschichte näherrücken zu lassen. Dieses Ziel und Ende kann sehr verschiedenartig ausgemalt werden. Das soll uns hier nicht näher beschäftigen. Wichtig ist in unserem Zusammenhang nur, daß das Bild von Herr und Knecht, neben einem historischen Rückblick, auch einen Ausblick auf die Zukunft verlangt – die

Vision einer Welt der »Freiheit«, der »Gleichheit« und der »Gerechtigkeit«, einer Sozialordnung ohne Herren und ohne Knechte. In diesem Sinne sagt Condorcet unmittelbar vor seinem Tod im Jahre 1794:
»Die Zeit wird kommen, wo die Sonne nur eine Welt freier Menschen bescheint, die keinen Herrn außer der Vernunft anerkennen, wo Tyrannen und Sklaven, Priester und ihre dummen oder scheinheiligen Werkzeuge nur noch in Historie oder auf der Bühne existieren.«
Die Affektbesetzung des Bildes von Herr und Knecht, seine Verbindung mit dem Glauben an den Fortschritt und, folgerichtig, mit der Prognose einer utopisch verklärten Zukunft, einer kommenden Gesellschaft ohne Über- und Unterordnung, ohne Eroberungen und Kriege und auch ohne Ausbeutung des Menschen durch den Menschen – all dies verschärft nicht nur die Kritik des Bestehenden und schürt nicht nur das allgemeine Unbehagen, das seit etwa 1750 immer breitere Schichten der französischen Gesellschaft und des französischen Volkes ergriffen hat; die Entdeckung des »Sozialen«, wie wir sie hier beschrieben haben, die Konstruktion von Herr und Knecht, die Überlegenheit des Knechtes, die Allgemeinheit seiner Interessen und die Öffentlichkeit seiner Ansprüche – dies alles gehört bereits, ausdrücklich oder unausdrücklich, zur Mythologie der Revolution, die, wie schon Felix Rocquain in seinem großen Buch über den »Geist der Revolution« gezeigt hat, in der zweiten Hälfte des 18. Jahrhunderts mehr und mehr an Boden gewinnt. Es kann kaum noch ein Zweifel sein: Der Aufbau sowie die innere Logik des Bildes von Herr und Knecht drängen auf Veränderung, auf einen Umsturz der Verhältnisse, auch wenn das seinen Benutzern und seinen Verbrauchern nicht immer bewußt ist. Die Macht solcher Bilder, die Gewalt sozialer Mythen dieser Art, in denen sich in der geschilderten Weise die Tendenz eines ganzen Jahrhunderts verdichtet, gerät in der Regel denen aus der Hand, die sich ihrer bedienen oder zu bedienen glauben. Das gilt besonders dann, wenn diese Bilder und diese Mythen große Massen und ganze Völker ergreifen und sich in ihrer Vorstellungswelt festsetzen.

III.

Damit kommen wir zu der dritten Stufe, auf der eine hemmungslose Popularisierung und Vulgarisierung der bisher geschilderten Gedanken einsetzt. Das Verhältnis von Herrschaft und Knechtschaft wird jetzt zu einem Massenmythos; wenn es bisher Gegenstand geistreicher Reflexionen einer dünnen Schicht von Intellektuellen und ihren Gönnern in den Salons, in den Lesezirkeln und in den Logen, kurz: in den »sociétés de pensée« war, so ergreift es jetzt, in Gestalt wüster Schlagwörter und schrecklicher Vereinfachungen, die breiten Massen des Volkes. Bedeutende französische Gelehrte wie Daniel Mornet und Ferdinand Brunot haben diesen Vorgang der Ausbreitung des aufklärerischen und revolutionären Gedankengutes bis in alle Einzelheiten geschildert, bis in die Sprache und den Gebrauch einzelner Wörter hinein. Die Zeitgenossen bereits sind sich seiner bewußt geworden, und Hegel kolportiert nur einen allgemeinen Eindruck, wenn er feststellt, die Aufklärung habe sich wie der Duft in einer widerstandslosen Atmosphäre verbreitet – wie eine alles durchdringende und alles infizierende Ansteckung. Das hängt natürlich zusammen mit der Verschärfung der Lage des Ancien Régime seit dem Pariser Frieden von 1763 und vor allem seit der Entlassung des Reformministeriums Turgot im Jahre 1776. Die geschickte Ausnützung dieser sich zuspitzenden Situation durch die revolutionäre Propaganda, ihre Steigerung durch eine Reihe finsterer Intrigen und unerfreulicher Kabalen, die die Finanzen des alten Staates teils ruinieren, teils deren Ruin für sich benutzen, hat zuletzt, 1959, der französische Historiker Bernard Faÿ in einem umfassenden Werk – »La Grande Révolution 1715–1815« – dargestellt, und zwar mit überraschenden Einzelheiten, deren Aufdeckung, die Frucht jahrzehntelangen Studiums bestimmter, bisher wenig benutzter europäischer Archive, die Vorgeschichte der Revolution und die Revolution selbst in einem neuen Licht erscheinen lassen.

Für den in diesen Zusammenhang gehörenden demagogischen Gebrauch des Bildes von Herr und Knecht geben wir wiederum nur einige ausgewählte Beispiele, die zugleich das unterschiedliche Niveau dieser Art von Propaganda kennzeichnen. Daß es sich jetzt, unmittelbar vor der Revolution, tatsächlich um eine gezielte und auf ihre Wirkung berechnete Propaganda handelt, kann heute schwerlich bestritten werden. Mit Sicherheit nicht für den Roman »Les liaisons dangéreuses«, den Choderlos de Laclos im Jahre 1782 erscheinen ließ. Es handelt sich um einen kunstvoll gebauten Briefroman von hohen literarischen Qualitäten, der in pikanter Weise ein Bild des untätigen, seiner eigenen Langeweile überantworteten Adels entwirft und die korrumpierende Kraft des Nichtstuns eindringlich demonstriert. Ein Kommentar wird nicht geboten, dieser ist indessen auch überflüssig, da die Geschichte für sich selber spricht; das schreckliche, aber verdiente Ende der Hauptakteure fällt das Urteil über eine ganze Klasse und läßt den erhobenen Zeigefinger des Verfassers erkennen. Die besondere Perfidie dieses Romans liegt nicht nur darin, daß er auf die Lüsternheit spekuliert – nach dem Motto: male die Wollust, doch male den Teufel dazu –, sondern auch in der Aussparung der Knechte, in deren Rolle als einer überlegenen moralischen Instanz der Leser hineinmanövriert wird.

Auf der gleichen Linie liegen die Romane des Marquis de Sade, die unter anderem – und das wohl kaum zur Tarnung – gesellschaftskritische Absichten verfolgen. So beginnt der 1780 geschriebene Roman »Les 120 journées de Sodome ou l'école du libertinage« mit folgenden Worten:

»Die langen Kriege, die Ludwig XIV. im Laufe seiner Regierung führen mußte, ruinierten die Staatsfinanzen und die Fähigkeiten des Volkes; dennoch bereicherten sie auf ungeklärte Weise eine enorme Anzahl jener Blutsauger, die um großer Profite willen immer auf öffentliche Katastrophen lauern, die sie dann vertiefen, anstatt sie zu mildern, in der unverhüllten Absicht, dadurch noch größere Gewinne zu erzielen ... Es geschah gegen Ende dieser Epoche ..., daß sich vier dieser Schieber zusammenfanden, um die einzigartigen Exzesse zu planen, die wir hier beschreiben wollen. Es wäre aber ein Irrtum zu glauben, nur Geschäftsleute hätten ihren Teil an diesem Niedergang der Sitten. An ihrer Spitze standen hervorragende Persönlichkeiten. Der Herzog de Blangis und sein bischöflicher Bruder hatten auf eben diese Weise ein ungeheures Vermögen zusammengerafft; ... Diese beiden berühmten Herren, mit dem Financier Durcet und dem Richter de Curval in Genuß und Interesse eng verbunden, waren die ursprünglichen Planer der zu beschreibenden Orgie; sie teilen ihren Freunden die Entwürfe mit, und die vier zusammen werden die Hauptteilnehmer jener berüchtigten Ausschweifungen.«

Alles was folgt – die minuziöse und genüßliche Schilderung eben dieser Ausschweifungen – präsentiert sich damit als kritische Beschreibung der herrschenden Schicht, ihres Sittenverfalls und ihres »Sadismus«. Die Spekulation auf die Lüsternheit drapiert sich als moralische Entrüstung.

Doch der Marquis geht über die kritische Beschreibung der bestehenden Zustände hinaus. Er zieht theoretische Folgerungen, die keineswegs originell sind, aber gerade deshalb unsere Aufmerksamkeit verdienen. So lesen wir etwa in »Aline et Valcour ou le roman philosophique«, der zwar erst 1792 als Buch veröffentlicht, aber schon 1788 geschrieben und in Abschriften verbreitet wurde:

»Überall konnte ich die Menschen in zwei gleiche bedauernswerte Klassen einteilen: die eine bestand aus den Reichen, die die Sklaven ihrer Freuden waren, die andere vereinte die unglücklichen Opfer des Schicksals; und niemals fand ich in der ersteren das Verlangen nach Besserung, noch in der letzteren die Möglichkeit dazu; es war, als ob die beiden Klassen auf ihr gemeinsames Unglück hinarbeiteten... Ich sah die Reichen dauernd damit beschäftigt, die Armen in immer schwerere Ketten zu schlagen, während sie den eigenen Luxus verdoppelten; den von den anderen beleidigten und verachteten Armen wurde nicht einmal die notwendige Ermutigung zuteil, ihr Schicksal zu ertragen. Ich forderte Gleichheit, aber man sagte mir, ich sei ein Utopist – bald jedoch merkte ich, daß die Feinde der Gleichheit eben dieselben waren, die nur an ihr zu verlieren gehabt hätten.«

Es ist charakteristisch, daß der Gegensatz von Herr und Knecht jetzt seine gröbste Form, nämlich die eines Antagonismus von reich und arm annimmt. Reichtum und Eigentum werden ganz offen als »Diebstahl« bezeichnet:

»Sobald man zu den Ursprüngen des Eigentums zurückgeht, gelangt man notwendig zu dem Begriff der Usurpation. Aber der Diebstahl wird nur deshalb bestraft, weil er das Eigentumsrecht angreift; nun ist aber dieses Recht selbst seinem Ursprunge nach Diebstahl; das Gesetz verfolgt also den Diebstahl, weil er den Diebstahl bestiehlt.«

In solchen Worten kündigen sich bereits die Enteignungsaktionen der Revolution unverhüllt an. Man hört die radikalen Revolutionäre, wenn der Marquis sagt:

»So wurde der Diebstahl nicht von der Erde verbannt, sondern nahm lediglich eine andere Form an; die Menschen raubten nun dem Gesetze gemäß. Die Beamten stahlen, indem sie sich für einen Rechtsspruch, den sie umsonst abgeben sollten, bezahlen ließen; der Priester betrog, weil er sich als Mittelsmann zwischen dem Gläubigen und seinem Gott bezahlen ließ. Der Kaufmann raubte, indem er profitierte, man mußte für seine Waren ein Drittel mehr bezahlen, als sie wirklich wert waren. Herrscher stahlen, indem sie ihren Untertanen willkürliche Steuern und Einfuhrgebühren auferlegten, und so weiter. Alle diese Diebstähle wurden erlaubt und von Rechts wegen gutgeheißen, und man verfolgte ernstlich nur denjenigen, der am natürlichsten handelte, das heißt den, der kein Geld hatte und es von den scheinbar Reichen haben wollte – ohne allerdings zu bedenken, daß die ursprünglichen, aber mit keinem Worte getadelten Diebe an den Verbrechen der anderen Diebe schuldig waren ... Wenn der bedauernswerte Bauer dank der ihm von dir auferlegten unerhörten Steuern der öffentlichen Barmherzigkeit anheimfällt, den Pflug stehenläßt und nach den Waffen greift, um dir auf der Landstraße aufzulauern, dann begehst du, wenn du ihn bestrafst, ein Verbrechen ...«

Ein letztes Beispiel, das unmittelbar an die Revolution heranführt und das von besonderer Bedeutung ist, weil hier die Mythologie von Herr und Knecht herangezogen wird, um eine entscheidende praktisch-politische Frage zu beantworten. Wir meinen das berühmte Pamphlet des Abbé Siéyès über den Dritten Stand. Es wurde 1788 verfaßt und im Januar 1789 veröffentlicht. Zu diesem Zeitpunkt stand fest, daß die Generalstände einberufen werden sollten, um die Finanzen des Staates zu sanieren. Von besonderer Bedeutung war in diesem Zusammenhang die Frage, wie die Generalstände abstimmen sollten – nach Ständen, dann war es klar, daß Adel und Klerus den Dritten Stand überstimmen konnten, oder aber nach Köpfen, und dann war mit einer klaren Mehrheit des Dritten Standes und der mit ihm Sympathisierenden aus Adel und Klerus zu rechnen. In diese Situation platzte die Schrift des Abbé Siéyès hinein, sie lancierte den unerhört wirkungsvollen Slogan, der übrigens wie manch anderer Ausspruch dieser Art von Chamfort stammen soll:

»Was ist der Dritte Stand? Alles. Was ist er bis jetzt in der politischen Ordnung gewesen? Nichts. Was verlangt er? Etwas zu sein.«

Dieser Slogan gliedert die Schrift. Zur ersten Frage heißt es: Der Dritte Stand hat überall die Arbeit, die privilegierten Stände haben die Ehre und den Genuß. Was ist also der Dritte Stand? Das Ganze, aber das unterdrückte und gefesselte Ganze. Was würde er ohne die bevorrechtigten Stände sein? Ebenso das Ganze, aber das freie und blühende Ganze. Nichts geht ohne ihn, alles ginge besser ohne die anderen. Die Vertreter der privilegierten Stände sind der Nation fremd, sie vertreten nicht das Gesamtwohl, sondern nur ihre eigenen Interessen. Zur zweiten Frage: Die Nation kann nicht frei sein, wenn der Dritte Stand nicht frei ist; man ist nicht frei durch Vorrechte, sondern durch die Bürgerrechte, welche allen zukommen. Wenn der Adel seine Privilegien von den Eroberungen der Franken herleitet, so ist der Bürger jetzt stark genug, um sich nicht erobern zu lassen und die Abkömmlinge der erobernden Rasse in die Wälder zurückzuschlagen. Der Bürger wird sich adeln, indem er seinerseits Eroberer wird, wenngleich seine politischen Rechte im Augenblick gleich Null sind. Zur dritten Frage: Der Dritte Stand will bei den Generalständen Vertreter haben, die aus ihm selbst hervorgegangen sind, sie müssen einen Einfluß haben, der dem Einfluß der Privilegierten mindestens gleichkommt, das heißt: ihre Zahl muß der Zahl von Geistlichkeit und Adel zusammengenommen gleich sein, darüber hinaus müssen die Stimmen nach Köpfen, nicht nach Ständen gezählt werden. Der Dritte Stand vertritt 25 Millionen Menschen; die beiden anderen Sände vertreten höchstens 200 000 Menschen. Daher kann der Dritte Stand, wenn man es dahin kommen läßt, eine Nationalversammlung bilden. Die Vertreter müssen sich alle als Vertreter der Nation sehen, nicht hingegen als die Wahrer von Sonderinteressen. Tun sie das, ist die Abstimmung nach Köpfen selbstverständlich; tun sie es nicht, wird der Dritte Stand auf sie verzichten.

Angesichts solcher Aussprüche ist es kein Wunder, wenn spätere Historiker die ganze Revolution unter dem Gesichtspunkt von Herr und Knecht betrachtet haben. Dafür wenigstens – zum Schluß – ein Beispiel, das unmittelbar an Siéyès anknüpft. Der Historiker und Politiker Guizot schreibt 1820:

»Als 1789 die Abgeordneten von ganz Frankreich in einer

einzigen Versammlung vereint waren, da haben die beiden Völker ihren alten Streit schleunigst wieder aufgenommen... Die Revolution veränderte das gegenseitige Verhältnis der beiden Völker; das alte besiegte Volk wurde das siegende und hat Frankreich seinerseits erobert. Aber das neu besiegte Volk, die alten Sieger, fügte sich nicht in seine Niederlage. Es setzt seinen dreizehn Jahrhunderte langen Kampf fort, und in den heutigen Kammerdebatten ist noch immer wie früher der Streit zwischen Gleichheit und Vorrecht, Mittelstand und Aristokratie. Zwischen diesen ist kein Friede möglich.«

2. Kapitel
Sozialismus und Sozialpolitik

I.

Das berühmte Kapitel in Hegels »Phänomenologie«, dem wir den Titel dieser Arbeit entlehnt haben, steht zeitlich und sachlich zwischen den zitierten Äußerungen von Siéyès und Guizot. Die »Phänomenologie« ist im Herbst 1806 fertiggestellt worden; wie Hegel an Schelling schreibt, hat er die Redaktion in der Nacht vor der Schlacht bei Jena, also in der Nacht vom 13. zum 14. Oktober beendet. Das ist natürlich reiner Zufall, der indessen darauf verweist, in welchen Zusammenhängen das Buch gesehen werden will, zumal es selbst, in einer zwar verschleierten, vorsichtigen Form, aber eben doch deutlich erkennbar zu eben diesen Zusammenhängen Stellung nimmt. Der große Interpret der »Phänomenologie«, Alexandre Kojève, geht vielleicht zu weit, wenn er, offenbar aus einigen brieflichen Andeutungen, den Schluß zieht, Hegel habe ernstlich gehofft, von Napoleon nach Paris geholt zu werden. Zweifellos aber sah Hegel zwischen seinem Werk und den Taten Napoleons eine Verbindung: Napoleon vollendet und beendet die Französische Revolution, und zwar politisch, sozial und staatsrechtlich; er versöhnt, in jeder Beziehung, die Gegensätze der Zeit und schließt insbesondere den Abgrund, den die Revolution in gesellschaftlicher Hinsicht aufgerissen hat. Hegel »tut« dasselbe, auf der Ebene des Geistes. Wie Kojève gesagt hat, vollendet Napoleon in den Augen Hegels die Geschichte, und er selbst, der Philosoph, realisiert diesen ungeheuren Sachverhalt, indem er ihn in eben seiner ganzen Ungeheuerlichkeit bewußt macht und das Sein endgültig mit dem Bewußtsein zur Deckung bringt. In der Terminologie der Phänomenologie heißt das: das napoleonische »Bewußtsein« ist noch kein Hegelsches »Selbstbewußtsein«, Napoleon tut zwar das absolut Richtige, aber er *weiß* noch nicht

das absolut Wahre, wie es Hegel begriffen hat; dieses Wissen stiftet und vermittelt erst die »Phänomenologie«. In diesem Sinne kann Hegel selbst bei der Behandlung der Revolution und Napoleons sagen: »So geht die absolute Freiheit aus ihrer sich selbst zerstörenden Wirklichkeit in ein anderes Land des selbstbewußten Geistes über, worin sie in dieser Unwirklichkeit als das Wahre gilt, an dessen Gedanken er sich labt, insofern er Gedanke ist und bleibt, und dieses in das Selbstbewußtsein eingeschlossene Sein als das vollkommene und vollständige Wesen weiß.« Schon vorher hatte der Leser zur Kenntnis genommen: »Diese Revolution bringt die absolute Freiheit hervor, womit der vorher entfremdete Geist vollkommen in sich zurückgegangen ist, dies Land der Bildung verläßt, und in ein anderes Land, in das Land des moralischen Bewußtseins übergeht.«
Das Kapitel über die »Moralität« kündigt sich an als eine konkrete Erörterung der deutschen Situation – im Rahmen der allgemeinen napoleonischen Neuordnung des damaligen Europas. Über sie heißt es bereits in der »Vorrede«:
»Es ist übrigens nicht schwer zu sehen, daß unsere Zeit eine Zeit der Geburt und des Überganges zu einer neuen Periode ist. Der Geist hat mit der bisherigen Welt seines Daseins und Vorstellens gebrochen und steht im Begriffe, es in die Vergangenheit hinab zu versenken, und in der Arbeit seiner Umgestaltung. Zwar ist er nie in Ruhe, sondern in immer fortschreitender Bewegung begriffen. Aber wie beim Kinde nach langer stiller Ernährung der erste Atemzug jene Allmählichkeit des nur vermehrenden Fortgangs abbricht – ein qualitativer Sprung – und jetzt das Kind geboren ist, so reift der sich bildende Geist langsam und still der neuen Gestalt entgegen, löst ein Teilchen des Baues seiner vorhergehenden Welt nach dem anderen auf, ihr Wanken wird nur durch einzelne Symptome angedeutet; der Leichtsinn wie die Langeweile, die im Bestehenden einreißen, die unbestimmte Ahnung eines Unbekannten sind Vorboten, daß etwas anderes im Anzuge ist. Dies allmähliche Zerbröckeln, das die Physiognomie des Ganzen nicht verändert, wird durch den Aufgang unterbrochen, der, ein Blitz, in einem Male das Gebilde der neuen Welt hinstellt.«
Es ist hier nicht der Ort, den kunstvollen Aufbau der »Phänomenologie« in die angedeuteten Zusammenhänge einzuordnen und die Einzelheiten der philosophischen Konstruk-

tion, der geschichtlichen und der politischen Diagnose und in Sonderheit die genaue Prognose herauszuarbeiten, die hinter den bewußten Verklausulierungen jenes Abschnittes stehen, der die vielsagende Überschrift trägt: »Das Gewissen, die schöne Seele, das Böse und seine Verzeihung«. Uns interessiert das Problem von Herr und Knecht und daher in erster Linie das entsprechende Kapitel der »Phänomenologie«. Dabei ist allerdings zu bedenken, daß dieses Kapitel eine bestimmte Stelle einnimmt. Es steht exakt vor der Behandlung der Weltgeschichte – vor dem *Übergang* einer Kritik des »Bewußtseins« und seiner Erscheinungsformen zu einer Philosophie des »Selbstbewußtseins«, die in aller Ausdrücklichkeit von der Geschichte der Philosophie zur Philosophie der Geschichte übergeht, in der es sich, wie Hegel sagt, um »eigentliche Wirklichkeiten« handelt, um die »realen Geister«, die »statt Gestalten nur des Bewußtseins, Gestalten einer Welt« sind. Das Kapitel über Herrschaft und Knechtschaft, das diesen Feststellungen unmittelbar vorausgeht, enthält daher, wie Jean Hyppolite zuerst gezeigt hat, eine Theorie der Geschichtlichkeit, sozusagen die Lehre von der anthropologischen Bedingung der Möglichkeit von Geschichte überhaupt, wobei, nach Hegel, Geschichte sich darstellt nicht nur als eine Beziehung von Freund und Feind, sondern gleichzeitig als die von Herr und Knecht: der Freund ist der Knecht – der Feind der Herr.

Die Dialektik von Herr und Knecht durchläuft drei Stadien. Das erste Stadium ist eine Art Naturzustand – allerdings nicht die Rousseausche Idylle, sondern das »bellum omnium contra omnes« des Thomas Hobbes, auf den sich Hegel in einem Paralleltext auch ausdrücklich bezieht. In diesem Krieg aller gegen alle kommt es zum »Kampf auf Leben und Tod«, und sein Ausgang begründet das Verhältnis von Herr und Knecht. Der Herr nämlich ist der Sieger, der aus dem Naturzustand siegreich Hervorgehende, der aber seinen Gegner nicht getötet, sondern unterworfen und zu seinem Knecht gemacht hat. So weit entspricht der Gedankengang der Eroberungstheorie, die wir bereits kennengelernt haben. Und wie sie hat auch Hegel vor allem die Entstehung des Feudalismus vor Augen, von dem er in der »Philosophie der Weltgeschichte« sagt: »Die Feudalherrschaft ist eine Polyarchie: es sind lauter Herren und Knechte«; »die Herren, der hohe Adel, waren die Inhaber der politischen Gewalt.«

Da das »Selbstbewußtsein«, nach Hegel, wesentlich auf eine soziale Weise zustande kommt, nämlich durch die gesellschaftliche Anerkennung, durch die Respektierung als Person durch andere, gelangt der Herr, auf Kosten des ihm gehorchenden, ihn daher anerkennenden und respektierenden Knechtes, zum Bewußtsein seiner selbst. Der Herr ist, wie Hegel sich ausdrückt, »ein für sich seiendes Bewußtsein, welches durch ein anderes Bewußtsein mit sich selbst vermittelt ist«.

Aber mehr noch, der Knecht vermittelt den Herrn nicht allein mit sich selbst und konstituiert nicht nur seine soziale Stellung, sondern macht ihn auch zum Herrn über die Natur oder das Stück Natur, das der Knecht im Dienste des Herrn bearbeitet. Zur Herrschaft gehört also prinzipiell der Genuß der Früchte fremder Arbeit, die Ausbeutung von Arbeitskraft und die Aneignung der Arbeitsleistung anderer, die sich auch hier, wie bei den Philosophen des 18. Jahrhunderts, unmittelbar aus der Eroberung ergibt und die Unterwerfung mit anderen Mitteln fortsetzt. Das ist ein Gedankengang, der, wie wir gesehen haben, die einfache Umkehrung der Boulainvilliersschen Argumentation darstellt und dessen äußerste Zuspitzung uns in der Marxschen Lehre vom Mehrwert entgegentritt. Auch die Antithese von Arbeit und Genuß, deren sich Hegel hier zur Charakterisierung der Positionen von Herr und Knecht bedient, gehört in diesen Zusammenhang und ist uns aus ihm geläufig.

Jetzt aber beginnt das Neue und für die Folgezeit so außerordentlich Bedeutsame. Diderot und viele andere Autoren nach ihm hatten eine Überlegenheit des Knechtes konstruiert, wobei sie diesen für klüger erklärt hatten als den Herren oder, wie der Abbé Siéyès, sich einfach auf die große Zahl der Knechte beriefen, auf die fünfundzwanzig Millionen des Dritten Standes, ihre Lage und ihre Interessen. Das waren natürlich schwerwiegende Argumente, vor allem in den Augen der Begünstigten, aber sie waren doch in sich problematisch; man konnte ihnen Fakten entgegenhalten und auf diese Weise zumindest eine Diskussion eröffnen. Dem aber entzieht Hegel seinen Gedanken, indem er die gesamte Weltgeschichte, die fortschreitende Durchdringung von Sein und Bewußtsein und den Fortschritt im Bewußtsein der Freiheit, also den roten Faden der Geschichte, durch das Nadelöhr der knechtischen Existenz verlaufen läßt. Mit anderen Worten: die ganze Hegelsche Philosophie, die sich ihrerseits versteht als der Gipfel *alles* bisherigen Philosophierens, als die Quintessenz dessen, was die Menschen *überhaupt* gedacht haben, versammelt sich in ihrem kritischen Punkt – im Bewußtsein des Knechtes. Hier nämlich vollzieht sich das entscheidende Ereignis, der »Wendepunkt« der Weltgeschichte – die Aufhebung der »Natur« und das Hervortreten des »Geistes«. Oder in den klassischen Formulierungen des späteren Systems: die Rückkehr des Geistes aus seinem »Anderssein« in der Natur zu sich selbst. Insofern konzentriert sich in der Existenz des Knechtes, in seiner Lage, seinem Bewußtsein und seinem Tun die innere und eigentliche Bewegung der Hegelschen Grundkonzeption und damit der Grundkonzeption des deutschen Idealismus.

Auf diesem Hintergrund läßt sich die ganze, wenn man will: die ontologische Bedeutung der Arbeit erkennen, die der Knecht verrichtet. Sie verwandelt Sein in Bewußtsein. Das heißt erstens: sie gestaltet – zum Beispiel als Arbeit des Bauern – unmittelbar die Natur um, macht sie menschlichen Zwecken und menschlichen Absichten dienstbar. Durch diese ihre kultivierende Wirkung dehnt sie die menschliche Welt aus, den Lebensraum bewußten Daseins schlechthin. Das tut, wenngleich auf eine andere Weise, zweitens die Arbeit des Handwerkers. Sie vollzieht sich nicht unmittelbar an der Natur, sie bearbeitet vielmehr bereits bearbeitete, der Natur abgewonnene Rohstoffe und daraus hergestellte Rohprodukte, die sie weiter verändert und wiederum umformt, die sie in eine spezifisch menschliche Ding- und Gegenstandswelt verwandelt. Dadurch schafft sie dem Menschen eine nichtnatürliche Umwelt, gleichsam eine »nature artificielle« – die wesenhaft und eigentlich menschliche »Lebenswelt«, die nahezu restlos Produkt bewußter Tätigkeit ist. In diesen beiden Formen hebt der Knecht, wie Hegel sagt, »in allen einzelnen Momenten seine Anhänglichkeit an natürliches Dasein auf; und arbeitet dasselbe hinweg«. Eine Aussage, die besonders sinnvoll wird im Zusammenhang mit der industriellen Revolution, die Hegel aus den Schriften und Abhandlungen vor allem der schottischen Schule bekannt war; in jungen Jahren hat er einen glossierenden, kritischen Kommentar zur Staatswissenschaft von James D. Stewart verfaßt, den der Hegelbiograph Karl Rosenkranz noch eingesehen hat. Diese Bekanntschaft mit den englischen Verhältnissen ist insofern von großer Wichtigkeit, als sich hier zeigt, daß die Verwandlung von Natur und Geist, die schließliche Aufhebung der Natur in absolutes Wissen, wie sie sich in der Hegelschen Philosophie darstellt, nichts Geringeres intendiert als eine philosophische Erfassung der durch die Umwälzung der Produktionsweise verursachten und bewirkten Veränderung.

Die Aufhebung der Natur und ihre »Humanisierung« durch die Arbeit hat aber noch eine dritte Seite. In ihr geschieht, real und konkret, die Durchdringung von Substanz und Subjekt, von Sein und Bewußtsein, die für Hegel den Sinn und die Wahrheit der Geschichte ausmacht und die das besondere Thema der »Phänomenologie des Geistes« ist. Hier kommt die Gesamtkonzeption der Hegelschen Metaphysik ins Spiel: Die »Idee«, wie sie Gegenstand der »Logik« ist, enthält, wie Hegel sagt, die Gedanken Gottes vor der Erschaffung der Welt. Diese Idee geht aus sich heraus und verwirklicht sich zunächst in ihrem »Anderssein«, in »entfremdeter« und in ihrem Wesen unkenntlicher Gestalt – in der Natur. Diese ist ein Stufenbau, auf deren oberster Stufe der Mensch steht. In ihm und im Laufe seiner geschichtlichen Entwicklung kehrt die Idee aus ihrem Anderssein in sich selbst zurück: Wie der Jüngling von Sais erkennt sie hinter dem Schleier der Gegenständlichkeit sich selbst. Oder wie Hegel sagt: »Das Bewußtsein eines Anderen, eines überhaupt, ist ... notwendig Selbstbewußtsein, Reflektiertsein in sich, Bewußtsein seiner selbst im Anderssein.«

Das gegenständliche Bewußtsein, für das Objekt und Subjekt zweierlei sind, wird zum Selbstbewußtsein, indem es in den Gegenständen, als deren Substanz, sich selbst, das Subjekt, entdeckt und wiedererkennt. Die Natur und die daraus gezimmerte Objektwelt des Menschen begreift sich als das, was sie eigentlich, obzwar verborgen und entfremdet, immer schon war – als »Geist«, als durch die Läuterung der Entfremdung und des Andersseins hindurchgegangene Idee, als deren letzte Verkörperung am Ende der »Phänomenologie« das »absolute Wissen« auftritt.

In der knechtischen Existenz vereinigen sich also Substanz und Subjekt in dem angedeuteten Sinne; auf diese Weise vollziehen sich die Wiederauferstehung der Idee und der Hervorgang des Geistes. Dieses Geschehen bleibt nicht ohne Rückwirkung auf den Knecht, der durch die Arbeit, wie Hegel sagt, nicht nur »zur

Anschauung des selbständigen Seins als seiner selbst« gelangt, sondern eben dadurch auch zu sich selbst kommt, zum Selbstbewußtsein, zu der Erkenntnis der Einheit von Substanz und Subjekt. In dieser Erkenntnis liegt die dritte Seite der Arbeit – ihr philosophisches Moment. Der Knecht ist nicht nur Bauer, Handwerker und Industriearbeiter, sondern – wie schon Diderots Jacques – vor allen Dingen Philosoph. Die Erfahrungen der Philosophen als Hauslehrer in adligen Häusern und Patrizierfamilien werden hier virulent. Als solche Hauslehrer hatten sie – nicht nur Hegel, sondern ebenso Kant, Fichte, Herder und viele andere – die Anschauung gewonnen, die in der »Phänomenologie« formuliert wird und die die Gewißheit entstehen ließ, daß die geschichtliche Entwicklung über den arbeitenden und erkennenden Knecht verläuft, nicht aber über die »genießenden« herrschenden Schichten, die Platzhalter einer historisch überlebten Position. Der Knecht steht auf der Seite des geschichtlichen Fortschritts, in ihm wirkt die Geschichte selbst, erfüllt sich ihr Sinn und bereitet sich damit ihr Ende vor, jener Zustand, wo die Natur restlos aufgehoben, das Sein vollständig erkannt und in Bewußtsein verwandelt, Substanz und Subjekt identisch geworden sind. Darin besteht der Sieg des Knechtes.

Aus diesem Sieg ergibt sich für Hegel nun nicht etwa eine Herrschaft des Siegers über den besiegten Feind. Die Dialektik von Herr und Knecht mündet nicht in eine Gesellschaftsordnung ein, die die bestehende Gesellschaft einfach auf den Kopf stellt, wie einige der französischen Theoretiker forderten. Dies würde die Gegensätze nur von neuem und in verschärfter Form reproduzieren. Für Hegel liegt das Ende der Dialektik vielmehr in einer allgemeinen »Anerkennung«, in der Anerkennung der Person auch des Knechtes durch den Herrn und damit in der Gleichberechtigung von Herr und Knecht. Darin sieht Hegel das Wesen einer Rechtsordnung, wie sie durch die französische Verfassung von 1791 und vor allem durch den Code Napoléon von 1804 hergestellt worden ist. Insofern kann man Hegel durchaus als einen Theoretiker des »Rechtsstaates« betrachten, wie das vor allem der französische Hegelforscher Eric Weil getan hat. Dabei muß man allerdings sehen, daß dieser Rechtsstaat für Hegel nicht nur im Werk Napoleons seine Verwirklichung gefunden hat, sondern vor allem auf einer substanzhaften

Gleichheit beruht, in der der Gegensatz von Herr und Knecht wie die Spannungen des einzelnen und der Gemeinschaft ausgeglichen sind. Hegel hat eine Formel für diese Gleichheit geprägt: »Ich, das Wir, und Wir, das Ich ist.« Eine Formel, die offenbar zur Mystik der »volonté générale« gehört und als solche vieldeutig ist. So heißt es an einer entscheidenden Stelle der »Phänomenologie« über die napoleonische Ordnung:
»Indem aber dieses seiende Gesetz schlechthin gilt, so ist der Gehorsam des Selbstbewußtseins nicht der Dienst gegen einen Herrn, dessen Befehle eine Willkür wäre(n), und worin es sich nicht erkennte. Sondern die Gesetze sind Gedanken seines eigenen absoluten Bewußtseins, welche es selbst unmittelbar hat.«
Wenige Zeilen später folgt der – an das Johannes-Evangelium erinnernde – Satz, damit sei die Vermittlung »vollbracht«...

II.
Das Kapitel über Herr und Knecht in der Hegelschen »Phänomenologie«, das wir wenigstens in groben Zügen wiedergegeben haben, ohne dabei auf die Feinheiten einzugehen, bildet den Ausgangspunkt für eine Reihe höchst bedeutsamer, wirkungsvoller Überlegungen zur sozialen Frage. Es ist ein Modell, das eine Fülle entscheidender Gedanken des 18. Jahrhunderts in die Form bringt, in der sie im 19. Jahrhundert ihre Wirkung entfalten. Denn sowenig die Revolution beendet ist – weder Napoleon (von der »Phänomenologie« ganz zu schweigen) hat das vermocht, noch die bourbonische Restauration von 1814/15 und die »Heilige Allianz« –, sowenig ist der Mythos von Herr und Knecht zur Ruhe gekommen. Im Gegenteil. Gerade die Restauration und die Heilige Allianz – der Versuch, die Revolution in ganz Europa mit Hilfe von Polizei und Zensur, mit den Druckmitteln der Staatsgewalt im Keime zu ersticken – mußten dem Aufruhr neue Nahrung geben. Die Antithese von Herrschaft und Knechtschaft entzündete sich von neuem an eben diesen Unterdrückungsmaßnahmen, für die der Name Metternich zum Symbol geworden ist. Überall auf dem europäischen Kontinent bildete sich eine liberale und sogar eine radikaldemokratische Opposition, gelegentlich mit sozialistischen Unter-

tönen, heraus, die durch die sogenannten Demagogenverfolgungen eher gefördert als wirksam behindert wurde. Kurz, die Restauration und die Heilige Allianz können nicht darüber hinwegtäuschen, daß Europa hinter den mühsam wiederhergestellten Fassaden seiner Staatlichkeit mehr und mehr in zwei feindliche Lager zerfällt. Wie ein englischer Zeitgenosse sich ausgedrückt hat: »Die politischen Parteien ziehen sich durch die ganze Völkermasse von einem äußersten Ende bis an das andere hindurch.« Oder wie Lorenz Stein später sagt: »Die Gesellschaft spaltet sich in zwei große Lager, die Auffassung der menschlichen Verhältnisse in zwei durchaus entgegengesetzte Systeme, und die Entwicklung in zwei große Bewegungen, die sich gegenseitig ausschließen und des Augenblicks warten, wo sie in offenem Kampf auftreten können.«

Damit ist die revolutionäre Situation präzise bezeichnet, die im Jahre 1830 in Paris von neuem zur Explosion kommen sollte: »Die Revolution, die schon so oft geendigt zu sein behauptet hat, niemals scheint sie endigen zu wollen. Immer in neuen, und zwar immer in entgegengesetzten Gestalten tritt sie auf. Aus der Republik verwandelt sie sich in den militärischen Despotismus; sie unterwarf sich wieder den legitimen Fürsten; sie hat dieselben neuerdings verjagt: und niemand, der sie seitdem beobachtet hat, wird sich überreden, daß sie damit zur Ruhe gekommen sei.«

Dieser Ausspruch Leopold Rankes von 1832 drückt eine Erkenntnis aus, die sich erst nach einer weiteren Revolution, nach der europäischen Revolution von 1848, in breiteren Kreisen herumsprach. Alexis de Tocqueville hat ihr in seinen »Souvenirs« die klassischen Worte verliehen: »Wenn man unsere Geschichte von 1789 bis 1830 aus der Ferne und im ganzen betrachtet, erscheint sie uns mit Recht als das Bild eines hartnäckigen Kampfes zwischen dem Ancien Régime, seinen Traditionen, seinen Erinnerungen, seinen Hoffnungen und seinen aus der Aristokratie stammenden Vertretern, und dem neuen, vom Mittelstande geführten Frankreich. 1830 endete die erste Periode unserer Revolutionen, oder vielmehr unserer Revolution; denn es gibt in allen Wechselfällen des Schicksals nur eine einzige und immer die gleiche Revolution, deren Anfang unsere Väter sahen und deren Ende wir aller Wahrscheinlichkeit nach nicht erleben werden.«

Was bedeutete diese permanente Revolution, die tatsächlich auch 1848 keineswegs beendet war, die vielmehr die zweite Hälfte des 19. Jahrhunderts ebenfalls bedrohen sollte? Diese Frage versuchte, wie wir gesehen haben, schon Hegel mit seinem Kapitel über Herr und Knecht zu beantworten. Es war auch die Frage Saint-Simons und seiner Nachfolger, die Frage der französischen Frühsozialisten wie die der Konservativen von Joseph de Maistre über Edmund Burke und Friedrich Gentz bis zu Metternich selbst, in dessen Denkschriften sich der ganze Kontinent in einen einzigen Herd revolutionärer Verschwörungen verwandelte. Es kann hier nicht unsere Aufgabe sein, die verschiedenen, sich einander ergänzenden, aber auch widersprechenden und sich gegenseitig ausschließenden Antworten auf die große Frage wiederzugeben. Wichtig ist in unserem Zusammenhang die Feststellung, daß überall, wo die Revolution ihr Haupt erhebt, auch der Mythos von Herr und Knecht im Spiele ist.

Dabei ist freilich bemerkenswert, daß dieser Mythos jetzt, wie übrigens schon gegen Ende des 18. Jahrhunderts und während der Französischen Revolution, auf verschiedenen Ebenen wirksam wird. War bereits bei allen Massenkrawallen der Revolution auf die Arbeiter der Vorstädte Saint-Martin und Saint-Antoine, neben dem beschäftigungslosen Mob von Paris, nicht zu verzichten, so trugen die Maßnahmen der Jakobiner unmittelbar vor ihrem Sturz schon ein ausgesprochen sozialistisches Gepräge – etwa die Ventôse-Gesetzgebung, die darauf berechnet war, die Kleinbürger und insbesondere die Arbeiter auf die Fahnen der Jakobiner zu verpflichten. Noch direkter hatte sich wenig später, 1795/96, die »Verschwörung der Gleichen«, unter ihren Führern Gracchus Babeuf und Sylvain Maréchal, zum Tribunal des »versklavten Volkes« aufgeworfen und dabei die agitatorischen Möglichkeiten des Gegensatzes von arm und reich hemmungslos auszuschöpfen versucht. In den Augen der Babouvisten war die Revolution ein »offener Krieg zwischen Patriziern und Plebejern, zwischen den Reichen und den Armen«. Die Reichen haben ein Interesse daran, die Revolution abzustoppen, um von neuem ein »Regime der Herren und der Knechte« zu etablieren und zu festigen. Daraus ergibt sich die Parole: »Die Revolution ist nicht zu Ende, da die Reichen alle Güter an sich reißen und die Herrschaft für sich

monopolisieren, während die Armen wie wahre Sklaven arbeiten, im Elend schmachten und im Staat für nichts gelten.«
Das waren unüberhörbar neue Töne. Sie waren zwar schon vor der Revolution von 1789 gelegentlich angeklungen, aber jetzt, zu Beginn des 19. Jahrhunderts, treffen Worte dieser Art auf einen neuen Kreis von Interessierten und Betroffenen – auf das Proletariat, das in seinen verschiedensten Formen mit der rasch um sich greifenden Industrialisierung entsteht, sich durch Zuwanderung vom Land ständig vergrößert und, häufig unter den erbärmlichsten Bedingungen, die Städte und die entstehenden Großstädte zu füllen beginnt. Das ist vor allem in England der Fall, wo der Industriekapitalismus in wenigen Jahrzehnten zum Durchbruch kommt. Er verbindet sich mit Anschauungen, deren Rigorosität nichts zu wünschen übrig läßt. Eine Broschüre des Reverend Joseph Townsend aus dem Jahre 1786 – »Dissertation on the Poor Laws« – gibt diese Anschauungen unverhüllt wieder. Da wird festgestellt, daß das Elend der Armen im gleichen Maße ansteige wie die für sie gezahlten Unterstützungsbeiträge; umgekehrt sei das Elend dort am geringsten, »wo man die geringste Anstrengung macht, die Armen zu versorgen«. Der Reverend scheut auch vor den entsprechenden Schlußfolgerungen nicht zurück:
»Der Hunger stellt nicht bloß einen ruhigen, friedlichen und unablässigen Druck dar, sondern er ist für Fleiß und Arbeitsamkeit der natürliche Antrieb; er ist es, der die mächtigsten Anstrengungen zu bewirken vermag... Einen Sklaven zwingt man mit Gewalt zur Arbeit, aber ein Freier arbeitet aus wohlüberlegtem eigenem Entschluß. Er sollte so geschützt werden, daß er sein Eigentum, sei es groß oder klein, uneingeschränkt genießen kann; er sollte aber bestraft werden, wenn er den Besitz seines Nächsten angreift. Solange man nur auf die Arbeitsmotivationen, die für Sklaven gelten, zurückgreift und also auf gewaltsamen Zwang vertraut, muß man sich damit abfinden, daß für Herrn und Knecht alle Vorteile, die eine aus freien Stücken geleistete Arbeit bietet, nicht zu haben sind.«
Ganz ähnlich läßt sich der liberal-konservative Edmund Burke in einer Schrift aus dem Jahre 1795 vernehmen: Der Hunger soll den Arbeiter dazu veranlassen, seine Arbeit gewissenhaft auszuführen; denn der gehorsame Knecht – echt englischer

»cant«! – braucht vor dem Hunger keine Furcht zu haben. »Das erste und grundlegende Interesse des Arbeiters muß es daher sein, so zu arbeiten, daß der Farmer aus seiner Arbeitskraft wirklich Nutzen ziehen kann. Diese Voraussetzung sollte eigentlich selbstverständlich sein. Nur bösartige und widernatürliche Verkommenheit, zuchtlose menschliche Leidenschaft, besonders der Neid auf das Gedeihen des Eigentums des Nächsten bringen es fertig, daß man das alles nicht einsieht und anerkennt und nicht dankbar ist dem gütigen und weisen Schöpfer aller Dinge, der da bewirkt, daß alle Menschen, ob sie wollen oder nicht, ihre selbstsüchtigen Interessen so verfolgen, daß sie das allgemeine Gut mit ihren individuellen Erfolgen zu verknüpfen imstande sind.« Das ist die Lehre von einer prästabilierten Harmonie auch der sozialen Beziehungen und der wirtschaftlichen Kräfte, die für die Metaphysik des Liberalismus kennzeichnend ist.

Diese Metaphysik findet ihre krasseste Formulierung in dem »Essay on Population«, den ein anderer Reverend, der bis heute berühmte Thomas R. Malthus, zuerst im Jahre 1798 veröffentlicht hat. Er stellt die These auf, die Bevölkerung wachse schneller als die Nahrungsmittelerzeugung; das Bevölkerungswachstum laufe daher auf die Ernährungsgrenze auf, was Hungersnöte, Krankheiten, Epidemien, Seuchen usw. zur Folge haben müsse. Auf diese Weise stelle sich das Gleichgewicht zwischen dem Wachstum der Bevölkerung und den Ernährungsmöglichkeiten wieder her. Dieses Argument war von entscheidender Bedeutung für die Lohntheorie von David Ricardo, der zufolge sich die Löhne immer um ein Existenzminimum bewegen müssen. Denn steigt der Lohn, so steigt auch die Zahl der überlebenden Arbeiterkinder, das aber ergibt dann ein Überangebot der Arbeit und infolgedessen, nach der Mechanik von Angebot und Nachfrage, eine Senkung des Arbeitslohnes. Soziale Reformen, soziale Maßnahmen überhaupt sind deshalb überflüssig, weil vollkommen sinnlos. Der Nahrungsspielraum löst die soziale Frage auf eine höchst »natürliche« Weise...

Diesem Gedanken, der wohl zu dem Perfidesten gehört, was der Industriekapitalismus zu seiner Rechtfertigung ersonnen hat, wurde freilich ein ähnliches Schicksal zuteil wie der Argumentation von Boulainvilliers: Lasalle kehrte die Gedanken von Malthus und Ricardo um und machte daraus das »Eherne

Lohngesetz«, eine der schärfsten und wirksamsten Waffen in der Agitation gegen den Kapitalismus.

Die radikale Gegenposition gegen den Liberalismus, gegen den der englischen Ökonomie wie gegen seine kontinentalen Spielarten stellt der Staatssozialismus dar, den Johann Gottlieb Fichte im Jahre 1800, in seiner Schrift »Der geschlossene Handelsstaat«, zum ersten Male als ein abgerundetes System vorlegte, wie es sich, für einen konsequenten Denker, aus den wirtschaftspolitischen Maßnahmen des späteren Jakobinertums ergab. An die Stelle der Konkurrenz traten hier in voller Bewußtheit der staatliche Plan und die planmäßige staatliche Lenkung des gesamten Wirtschafts- und Soziallebens. Der Gegensatz von Herr und Knecht wird aufgehoben im Dienste aller an der Allgemeinheit: »In diesem Staate sind Alle Diener des Ganzen, und dafür erhalten sie ihren gerechten Anteil an den Gütern des Ganzen. Keiner kann sich sonderlich bereichern, aber es kann auch keiner verarmen. Allen Einzelnen ist die Fortdauer ihres Zustandes, und dadurch dem Ganzen seine ruhige und gleichmäßige Fortdauer garantiert.«

Damit dieser Zustand von außen keine Störung erleide, schließt der Staat sich vollständig gegenüber dem Ausland ab, wobei das staatliche Außenhandelsmonopol die im Inland nicht zu produzierenden Güter und Dienstleistungen leicht zu beschaffen vermag. Der dieserart »geschlossene« Handelsstaat ist konzipiert als ein allgemeiner Wohlfahrtsstaat auf nationaler Grundlage und mit dem Ziel der nationalen Autarkie. In seinem Mittelpunkt steht daher die Arbeit: »Der Mensch soll arbeiten; aber nicht wie ein Lasttier, das unter seiner Bürde in den Schlaf sinkt, und nach der notdürftigsten Erholung der erschöpften Kraft zum Tragen derselben Bürde wieder aufgestört wird. Er soll angstlos, mit Lust und mit Freudigkeit arbeiten, und Zeit übrig behalten, seinen Geist und sein Auge zum Himmel zu erheben, zu dessen Anblick er gebildet ist... Der innere wesentliche Wohlstand besteht darin, daß man mit mindest schwerer und anhaltender Arbeit sich die menschlichsten Genüsse verschaffen könne.«

Mit dem Gegensatz von Herr und Knecht verschwindet also auch der von Arbeit und Genuß. In diesem Sinne verwandelt sich schließlich das Eigentumsrecht aus einem Verfügungsrecht über Sachen in »das ausschließende Recht auf Handlungen«. Aufgabe des Staates ist es, »jedem allmählich zu dem Seinigen in dem soeben aufgezeigten Sinne zu verhelfen«. Damit wird auch die ursprüngliche, auf Gewalt und Zufall beruhende Ungleichheit der Vermögen abgeschafft. Eine nationale »Volksgemeinschaft«, die den »gemeinen Nutzen« höher bewertet als den Vorteil und die Interessen von einzelnen und ihrer Gruppierungen, ist das Ergebnis.

Die Verwandtschaft der Ideen Fichtes mit den Utopien der französischen Frühsozialisten ist oft bemerkt worden. Kongenial ist ihm indessen eigentlich nur der Graf Claude-Henri de Saint-Simon, der mit gleicher Entschiedenheit den Liberalismus bekämpft wie Fichte, ohne sich dabei freilich systematisch festzulegen. Ähnlich wie Fichte sieht er in der Organisation der Arbeit und in der Entfaltung einer grenzenlosen industriellen Produktivität das universale Mittel, die soziale Frage zu lösen. Gelingt es, mit Hilfe der Wissenschaft genug zu produzieren, so verwandeln sich alle entscheidenden Probleme in entscheidender Weise. Die politischen, sozialen und wirtschaftlichen Gegensätze werden dann einfach »wegproduziert«, und die aus ihnen sich ergebenden Fragen verlieren von selbst die Dringlichkeit. Ganz andere Fragen tauchen damit auf und werden jetzt akut – Fragen der Organisation, der Planung und der Verwaltung, der langfristigen Sozialkontrolle und sogar der Religion, sofern man in ihr ein Instrument der Massenkommunikation zu sehen lernen wird.

Die Gedanken Saint-Simons, deren kühnste in der unübersehbaren Fülle seiner Schriften wie Diamanten in einem Kohlenhaufen verborgen sind, weisen indessen zu weit in die Zukunft, um in der Gegenwart des frühen 19. Jahrhunderts ohne Mißverständnisse auch nur im kleineren Kreise wirksam werden zu können. An solchen Mißverständnissen hat es nicht gefehlt, wie einerseits die »Exposition de la doctrine de Saint-Simon« von Enfantin und Bazard von 1829/30 bezeugt und andererseits die spezifische Umformung des Saint-Simonismus durch Auguste Comte. In beiden Fällen wird er sozusagen aus der Zukunft in die Gegenwart und auf den Boden ihrer Probleme zurückgeholt, dabei freilich in den entscheidenden Punkten deformiert. So stellt sich dann auch das Problem von Herrschaft und Knechtschaft von neuem, das Saint-Simon hinter sich gelassen zu haben glaubte, jedenfalls in der Form, wie es jetzt hervortritt und wie es insbesondere die »Exposition« versteht:

»Die Beziehungen des Eigentümers zum Lohnarbeiter sind die letzte Umwandlung, die die Sklaverei erfahren hat. Wenn die Ausbeutung des Menschen durch den Menschen nicht mehr den brutalen Charakter wie in der Antike hat, wenn sie sich häufig in milderen Formeln abspielt, so ist sie doch nicht weniger wirklich. Der Arbeiter ist nicht wie der Sklave unmittelbares Eigentum seines Herrn; seine stets veränderliche Lage wird durch einen von beiden Seiten geschlossenen Vertrag bestimmt, aber wird dieser Vertrag von seiten des Arbeitgebers freiwillig abgeschlossen? Dies ist nicht der Fall, denn er muß ihn bei Todesstrafe hinnehmen, da er seine tägliche Nahrung nur von der Arbeit des Vortages erhält.«

Das deckt sich weitgehend mit den kritischen Analysen, die ein Nationalökonom und Historiker wie Sismondi der »Klasse der Proletarier« schon zehn Jahre früher, in seinem »Nouveau principe d'économie politique«, gegeben hatte, ein Werk, wo soziologische Erörterungen in breiter Front in das ökonomische Denken eingebracht werden. Aber die »Exposition« geht noch weiter:

»Heute wird die gesamte Masse der Arbeiter von den Menschen, deren Eigentum sie nutzbar machen, ausgebeutet, und selbst die Leiter der Industrie unterliegen in ihren Beziehungen zu den Eigentümern derselben Ausbeutung, wenn auch in geringerem Ausmaß; und ihrerseits beteiligen sie sich an dem Privileg der Ausbeutung, das in seiner ganzen Schwere auf die Arbeiterklassen zurückfällt, das heißt auf die ungeheure Mehrheit der Arbeiter. In einer solchen Lage steht der Arbeiter als unmittelbarer Nachfahre des Sklaven und des Leibeigenen da, seine Person ist frei, er ist nicht mehr an die Scholle gebunden, aber dies ist auch alles, was er erreicht hat, und, obwohl ihm das Gesetz die Freiheit gegeben hat, kann er nur zu Bedingungen weiterleben, die ihm eine kleine Klasse von Menschen auferlegt, der eine Gesetzgebung, die Tochter des Eroberungsrechts, das Monopol des Reichtums verliehen hat, das heißt die Möglichkeit, nach ihrem Belieben und selbst in Nichtstun über die Produktionsmittel zu verfügen.«

Diese Sätze lassen den Zusammenhang mit den Gedanken des 18. Jahrhunderts besonders klar hervortreten.

Kaum weniger kritisch, wenngleich in eine andere Richtung zielend, ist das Werk von Auguste Comte, dem es eine Zeit lang

um »ein Bündnis von Proletariat und Philosophie« zu tun war, der im übrigen aber mit den verschiedenen Sekten des Saint-Simonismus nichts zu schaffen haben wollte, schon im Interesse seiner eigenen Sekte. Heinrich Heine hat daher als Beobachter im damaligen Paris dem Saint-Simonismus die rechte Diagnose gestellt: »Ich würde für die Trümmer des Saint-Simonismus, dessen Bekenner, unter seltsamen Aushängeschildern, noch immer am Leben sind, sowie auch für die Fourieristen, die noch frisch und rührig wirken, dieselbe Aufmerksamkeit in Anspruch nehmen; aber diese ehrenwerten Männer bewegt doch nur das Wort, die soziale Frage als Frage, der überlieferte Begriff, sie werden nicht getrieben von dämonischer Notwendigkeit, sie sind nicht die prädestinierten Knechte, womit der höchste Weltwille seine ungeheuren Beschlüsse durchsetzt. Früh oder spät wird die zerstreute Familie Saint-Simons und der ganze Generalstab der Fourieristen zu dem wachsenden Heere des Kommunismus übergehen und dem rohen Bedürfnisse das gestaltende Wort leihen, gleichsam die Rolle der Kirchenväter übernehmen.«
Diese Behauptung, die unmittelbar auf die Hegelsche »Phänomenologie des Geistes« anspielt, verweist auf die große, für die Zukunft entscheidende Verbindung der Frage von Herrschaft und Knechtschaft mit der Frage nach dem Wesen der säkularen Revolution, wie sie im Werk Karl Marx' vor uns steht.

III.
»Keine der zahllosen Revolutionen der französischen Bourgeoisie seit 1789 war ein Attentat auf die *Ordnung*, denn sie ließ die Herrschaft der Klasse, sie ließ die Sklaverei der Arbeiter, sie ließ die *bürgerliche Ordnung* bestehen, so oft auch die politische Form dieser Herrschaft und dieser Sklaverei wechselte. Der Juni hat diese *Ordnung* angetastet. Wehe über den Juni!«
Diese Worte stammen von Karl Marx, aus einem Aufsatz in der »Neuen Rheinischen Zeitung« vom 29. Juni 1848. Vier Jahre später präzisierte Marx seine Anschauung in der »London Tribune«:
»Jeder Zoll Boden, den die revolutionären Parteien in den verschiedenen Ländern verloren, trieb sie nur an, sich zu entscheidenden Aktionen fester aneinander zu schließen. Der

entscheidende Kampf nahte. Er konnte nur in Frankreich ausgefochten werden, denn solange England an dem revolutionären Ringen nicht teilnahm und Deutschland zersplittert blieb, war Frankreich dank seiner nationalen Selbständigkeit, seiner Zivilisation und Zentralisation das einzige Land, das den umgebenden Ländern den Anstoß einer mächtigen Umwälzung mitteilen konnte. Als daher am 23. Juni 1848 die blutige Schlacht in Paris begann, als jedes weitere Telegramm, jede weitere Post den Augen Europas immer klarer die Tatsache enthüllte, daß diese Schlacht zwischen der Masse des arbeitenden Volkes auf der einen Seite und allen anderen Klassen der Pariser Bevölkerung, unterstützt durch die Armee, auf der anderen Seite geschlagen ward; als der Kampf mehrere Tage fortgeführt wurde, mit einer Erbitterung, die in der Geschichte der modernen Bürgerkriege unerhört ist, aber ohne auffälligen Vorteil für die eine oder andere Seite – da wurde es jedermann klar, daß das die große Entscheidungsschlacht war, die, wenn die Insurrektion siegte, den ganzen Kontinent mit erneuten Revolutionen überschwemmen oder, wenn diese niedergeworfen wurde, zu der wenigstens vorübergehenden Wiederaufrichtung des konterrevolutionären Regimes führen mußte.«

Diese Interpretation der Revolution von 1848/49 ergibt sich aus einer umfassenden Auslegung der gesamten Weltgeschichte und insbesondere der großen Geschehnisse seit dem Ende des 18. Jahrhunderts. Dabei ist nicht die Konstruktion der Weltgeschichte, sondern die Gegenwartsanalyse biographisch und sachlich das Primäre. Das zeigen einmal die Frühschriften, die veröffentlichten wie die nachgelassenen, die historische Phänomene nur am Rande berühren, sodann noch das Pamphlet gegen Proudhon – »Das Elend der Philosophie« –, das im Winter 1846 auf 1847 entstanden ist und in dem die Grundgedanken von Marx systematisch entwickelt werden. Hier ist noch nicht davon die Rede, wie in dem ein Jahr später verfaßten »Kommunistischen Manifest«, daß *alle* Geschichte die Geschichte von Klassenkämpfen sei. Im Gegenteil: es wird, genauso wie an wichtigen Stellen der früheren Arbeiten, scharf unterschieden zwischen »Klassen« und »Ständen« als zwischen verschiedenen, jeweils anderen Zeiten angehörenden, historischen Formationen von sozialen Konflikten. Das ist ein richtiger und fruchtbarer Gedanke, der das Spezifische der damaligen Gegenwart, den Klassenkampf, nicht historisch neutralisiert, zu einem allgemeinen »Gesetz« der allgemeinen Geschichte macht, sondern, gerade umgekehrt, an seiner historischen Einmaligkeit festhält. Ganz in diesem, das geschichtlich Besondere betonenden Sinne sind die industrielle und die Französische Revolution für Marx nur zwei Seiten ein und derselben Sache – der Beendigung des Feudalzeitalters und der ihm zugeordneten *ständischen* Gesellschafts- und Herrschaftsordnung durch die Bourgeoisie, die die gesamte Produktionsweise, die soziale Lebensgrundlage, umstürzt, ihre Art von Industriekapitalismus auf der ganzen Breite durchsetzt, sich dadurch zur maßgebenden *Klasse* der Gesellschaft aufwirft und schließlich auch die politische Macht an sich reißt. So verwandelt sich die feudale *Stände*ordnung in die gegenwärtige kapitalistische *Klassen*gesellschaft. Der moderne Industrialismus beseitigt jedoch keineswegs die sozialen Gegensätze, er verschärft sie vielmehr, indem er sie in einem unerhörten Maße vereinfacht: Ebenso wie die Bourgeoisie den ganzen Erdball für sich und die kapitalistische Produktion zu erschließen sucht, spaltet sie die ganze Gesellschaft auf in zwei Lager, in zwei große, einander direkt gegenüberstehende Klassen: in Bourgeoisie und Proletariat. In der ersten Phase dieses Kampfes, der, wie Marx sagt, »ein veritabler Bürgerkrieg« ist, hatte die Bourgeoisie die Aristokratie zum Feind, in der zweiten dagegen sieht sie sich dem Proletariat gegenüber.

»Die Herrschaft des Kapitals hat für diese Masse eine gemeinsame Situation, gemeinsame Interessen geschaffen. So ist diese Masse bereits eine Klasse gegenüber dem Kapital, aber noch nicht für sich selbst. In dem Kampf, den wir nur in einigen Phasen gekennzeichnet haben, findet sich diese Masse zusammen, konstituiert sie sich als Klasse für sich selbst. Die Interessen, welche sie verteidigt, werden Klasseninteressen... Die Bedingung der Befreiung der arbeitenden Klasse ist die Abschaffung jeder Klasse, wie die Bedingung der Befreiung des Dritten Standes, der bürgerlichen Ordnung, die Abschaffung aller Stände war. Die arbeitende Klasse wird im Laufe der Entwicklung an die Stelle der alten bürgerlichen Gesellschaft eine Assoziation setzen, welche die Klassen und ihren Gegensatz ausschließt, und es wird keine eigentliche politische Gewalt mehr geben, weil gerade die politische Gewalt der offizielle Ausdruck des Klassengegensatzes innerhalb der bürgerlichen Gesellschaft ist. Inzwischen ist der Gegensatz zwischen Proletariat und Bourgeoisie ein Kampf von Klasse gegen Klasse, ein Kampf, der, auf seinen höchsten Ausdruck gebracht, eine totale Revolution bedeutet. Braucht man sich übrigens zu wundern, daß eine aus dem Klassengegensatz begründete Gesellschaft auf den brutalen Widerspruch hinausläuft, auf den Zusammenstoß Mann gegen Mann als letzte Lösung?«

Marx beschließt diese Ausführungen in seinem Buch gegen Proudhon mit einem Satz von George Sand: »Kampf oder Tod, blutiger Krieg oder das Nichts. So ist die Frage unerbittlich gestellt.«

Das Prinzip der Marxschen Erkenntnis, die sogenannte materialistische Geschichtsauffassung, ist, in dieser Hinsicht, nichts anderes als die Forderung, zwischen den mannigfaltigen Erscheinungen des geschichtlichen Lebens, den wirtschaftlichen, den sozialen, den politischen Vorgängen und natürlich auch den geistigen Auseinandersetzungen einen Zusammenhang herzustellen, *jenen* Zusammenhang, der in der Totalität des Geschehens selbst seinen Grund hat. Dabei wird, genau wie in der Hegelschen »Phänomenologie«, vorausgesetzt, daß der »wahre« Zusammenhang und die »wahre« Totalität erst am Ende des Prozesses erreichbar werden, woraus sich sofort und zwingend der Schluß ergibt, daß, da die Erfassung das Ende bedeutet, zur Herbeiführung des Endes eben diese Erfassung unerläßlich ist: »Die fertige Gestalt der ökonomischen Verhältnisse, wie sie sich auf der Oberfläche zeigt, in ihrer realen Existenz, und daher auch in den Vorstellungen, worin die Träger und Agenten dieser Verhältnisse sich über dieselben klarzuwerden suchen, ist sehr verschieden von, und in der Tat verkehrt, gegensätzlich zu ihrer inneren, wesentlichen, aber verhüllten Kerngestalt und dem ihr entsprechenden Begriff.« Folglich kommt alles darauf an, die verhüllte Kerngestalt und den ihr entsprechenden Begriff herauszuarbeiten, »die Mystifikation der kapitalistischen Produktionsweise« zu durchdringen und die »verzauberte, verkehrte und auf den Kopf gestellte Welt« zurechtzurücken – was in den drei schweren Bänden des Marxschen Hauptwerkes unternommen wird. Das aber hat eine zweite, wiederum echt Hegelsche Voraussetzung.

Es genügt nicht – so formuliert Marx diese zweite Voraussetzung –, daß der Gedanke zur Wirklichkeit drängt, die Wirklichkeit muß sich auch ihrerseits zum Gedanken drängen. Anders (in einer uns bereits bekannten Sprache) ausgedrückt: das Subjekt muß nicht nur Substanz, sondern die Substanz auch Subjekt werden wollen... Bei Hegel wie bei Marx ist das in gleicher Weise folgenreich. Wenn es tatsächlich gelingt, die »innere Organisation der kapitalistischen Produktionsweise«, das Lebensprinzip des industriellen Kapitalismus, zu durchschauen und darzustellen, so ist damit *zugleich* der Beweis erbracht für die Richtigkeit und die Berechtigung der eigenen geschichtlichen Position – für ihre Zukünftigkeit, also dafür, daß ihre Vertreter von der Geschichte selbst, von der Automatik der Entwicklung und der Schubkraft ihres Fortschritts in die Zukunft getragen werden. Das besagt, in ihrem ursprünglichen und nur selten verstandenen Kern, die berühmte Einheit von Theorie und Praxis: eine treffende Analyse ist nur möglich, sofern sie Geburtshelfer geschichtlicher Veränderung ist.

Hier sollte eine dritte, gleichfalls Hegelsche Voraussetzung sichtbar werden. Die Geschichte als solche ist ein sinnvolles, teleologisch auf ein Ende hin angelegtes Geschehen. Substanz und Subjekt, Sein und Bewußtsein sind, nach Art der prästabilierten Harmonie, aufeinander hingeordnet. Ihre fortschreitende Durchdringung bildet ihre Bestimmung. Das ist für Hegel, aber auch für Marx der unverzichtbare Hintergrund. Ohne ihn verliert die ganze Darlegung ihre Logik und ihre Stringenz, sowohl die innere Folgerichtigkeit als auch die äußere Zwangsläufigkeit. Es könnte dann alles ganz anders vor sich gehen: die Geschichte könnte ein Tummelplatz menschlicher Bosheit sein, eine Arena der Selbstdarstellung des Willens zur Macht, eine Veranstaltung zur höheren Ehre Gottes, endlich der makabre Scherz eines bösartigen Dämonen – oder einfach ein Krieg aller gegen alle, in dem sich blinde Naturgewalten austoben oder, noch einfacher, die erhabenen Kreisläufe des kosmischen Daseins ihre Erfüllung finden. Alle diese Ansichten sind nicht etwa aus der Luft gegriffen, sondern haben leidenschaftliche Vertreter und gläubige Anhänger gehabt. Für alle lassen sich sogar starke Argumente beibringen. Ausgeschlossen sind sie nur unter einer einzigen Bedingung: daß die Geschichte nicht absurd ist, sondern einen Sinn hat. Einen Sinn, der dem menschlichen Geist einleuchtet und vollziehbar ist. Genauer, daß die Erkenntnis dieses Sinnes das Zusichselbstkommen des Daseins und als solches der Sinn selber ist.

Eine solche Logik macht nicht zuletzt den psychologischen Zwang verständlich, unter dem Marx – seine Briefe an Engels beweisen, wie schwer ihm das oft fiel – sich in alle Einzelheiten des kapitalistischen Produktions- und Verteilungsprozesses hineingearbeitet hat. Dieser Zwang wurde besonders wirksam, als die revolutionäre Welle von 1848/49 verebbt war und die an sie geknüpften Hoffnungen zerstoben. Er beherrscht indessen das Marxsche Denken, seitdem er, offenbar durch die Vorlesungen von Eduard Gans, in den Bannkreis des Hegelianismus und vor allem der Hegelschen »Phänomenologie« geriet. Denn der »Knecht«, wie er in diesem Buche gefeiert wird, ist (wie wir gesehen haben) gerade derjenige, in dem der Weltgeist zum Bewußtsein seiner selbst gelangt und Subjekt und Substanz sich vereinigen, also die Geschichte sich vollendet. Damit war für einen dezidierten Linkshegelianer, der in den 30er und 40er Jahren in Berlin studierte, der geistige Weg beinahe vorgezeichnet – er führte vom Staate über die Gesellschaft zur Wirtschaft oder von der Politik über die Soziologie zur Ökonomie, wobei es für einen emanzipierten Juden der Generation von Marx verhältnismäßig nahelag, im Lager der radikalen Revolution zu landen. Das hat, vor allen anderen, das schöne Buch von Hannah Arendt über Rahel Varnhagen gezeigt. Aus der »Phänomenologie« konnte ein Mann wie Marx schließlich jene bestimmte innerste Überzeugtheit gewinnen, jene, wenn man so sagen darf: Sinnbesessenheit, ohne die sich weder sein späteres Leben noch der Fleiß, der Eifer und der Haß, aus denen sein Werk geboren ist, darstellen lassen. Der Knecht der »Phänomenologie« – das ist nicht allein das Proletariat, sondern Marx selbst, Knecht nicht nur im Hegelschen, sondern auch im biblischen Sinne, in dem sich seine rabbinischen Vorfahren als »Knechte Gottes« empfanden und mit dem sie sich, gegen allen Augenschein, im Recht wußten, im Recht des auserwählten Volkes, dem der Messias verheißen ist. Die Hegelsche »Phänomenologie«, die die Gerechtigkeit des Weltgeistes zu erweisen sucht, die Erfüllung des Sinnes, und der jüdische Messianismus, zwar säkularisiert, aber immer noch voll der »gewissen Zuversicht des, das man hofft«, sind die Quellen, aus denen sich das Vertrauen auf die unmittelbar bevorstehende Entscheidung speist und die

die Marxsche Interpretation der Geschichte bis an sein Lebensende bestimmen.

Von hier aus ist auch das Bündnis der Intelligenz mit dem revolutionären Proletariat zu verstehen. Das Proletariat, sagt Marx, »kann seine eigenen Lebensbedingungen nicht aufheben, ohne *alle* unmenschlichen Lebensbedingungen der heutigen Gesellschaft, die sich in seiner Situation zusammenfassen, aufzugeben«. Hier ist also für alle unterprivilegierten Teile der Gesellschaft die große Chance, richtig zu liegen, den von der Bourgeoisie eingeleiteten Zerstörungs- und Befreiungsprozeß fortzusetzen, um auf die allgemeine Befreiung zuzusteuern. Dieser Prozeß vollzieht sich aber jetzt gegen die Bourgeoisie und insbesondere gegen ihren Liberalismus, den Marx bereits in seinem ersten Aufsatz »Zur Judenfrage« von 1843 einer vernichtenden Kritik unterzogen hat. Bei dieser Fortsetzung und Verschärfung des Kampfes muß freilich der Bourgeoisie die entscheidende Waffe aus der Hand genommen und gegen sie selbst gewendet werden – der Mythos von Herrschaft und Knechtschaft, dessen Wirkung sich keineswegs verbrauchte, sondern sich, wie wir gesehen haben, eher noch steigerte und der sich, unter den gegenwärtigen Verhältnisse, zweifellos noch weiter steigern ließ. In diesem Sinne dient die Klassentheorie nicht allein dazu, das Verhältnis von Kapital und Arbeit als »Herrschafts- und Knechtschaftsverhältnis« durchsichtig zu machen; sie geht weiter: Sie entlarvt den Bourgeois, den Kapitalisten als »Ausbeuter«, als »Expropriateur«, der auf eine höchst raffinierte Weise die Raubzüge der Vergangenheit, die Eroberungen, die kolonisatorischen Landnahmen, die Usurpation in allen ihren Erscheinungsformen fortsetzt, indem er den »Mehrwert« aus dem Arbeiter herauspreßt. Dieser »Mehrwert« ist das Geheimnis des Kapitals als eines »sich selbst verwertenden Wertes«; er ist der Diebstahl in Permanenz, die institutionalisierte Usurpation. Sie gipfelt darin, daß schließlich nicht nur die Arbeiter um den »Mehrwert« gebracht werden, sondern die großen Kapitalisten über die kleinen herfallen und diese, in Gestalt der Konzentration des Kapitals, aufsaugen.

»Hand in Hand mit dieser Zentralisation oder der Expropriation vieler Kapitalisten durch wenige entwickelt sich die kooperative Form des Arbeitsprozesses auf stets wachsender Stufenleiter, die bewußte technische Anwendung der Wissenschaft, die planmäßige Ausbeutung der Erde, die Verwandlung der Arbeitsmittel in nur gemeinsam verwendbare Arbeitsmittel, die Ökonomisierung aller Produktionsmittel durch ihren Gebrauch als Produktionsmittel kombinierter, gesellschaftlicher Arbeit, die Verschlingung aller Völker in das Netz des Weltmarktes, und damit der internationale Charakter des kapitalistischen Regimes. Mit der beständig abnehmenden Zahl der Kapitalmagnaten, welche alle Vorteile dieses Umwandlungsprozesses usurpieren und monopolisieren, wächst die Masse des Elends, des Drucks, der Knechtschaft, der Entartung, der Ausbeutung, aber auch die Empörung der stets anschwellenden und durch den Mechanismus des kapitalistischen Produktionsprozesses selbst geschulten, vereinten und organisierten Arbeiterklasse. Das Kapitalmonopol wird zur Fessel der Produktionsweise, die mit und unter ihm aufgeblüht ist. Die Zentralisation der Produktionsmittel und die Vergesellschaftung der Arbeit erreichen einen Punkt, wo sie unverträglich werden mit ihrer kapitalistischen Hülle. Sie wird gesprengt. Die Stunde des kapitalistischen Privateigentums schlägt. Die Expropriateurs werden expropriiert.«

Georges Sorel hat klar erkannt, daß diese Stelle für die geschichtliche Wirkung des Marxismus von grundlegender Bedeutung ist: Sie kombiniert das Bild von Herr und Knecht, von Bourgeoisie und Proletariat mit einem zweiten Bild, nämlich mit dem einer endzeitlichen Katastrophe, zu einem »sozialen Mythos«, der, jenseits von wahr und falsch, bis heute zu den stärksten Antrieben revolutionärer Massenaktivität gehört.

IV.
Der revolutionären Lösung der sozialen Frage, wie sie in der marxistischen Analyse der kapitalistischen Gesellschaft und der ihr, wie Marx glaubt, notwendig innewohnenden Entwicklungstendenzen in ihrer vollendetsten Form vor uns steht, ist schon im 19. Jahrhundert praktisch entgegengearbeitet und theoretisch widersprochen worden. Wir sehen dabei ab von so extremen Konservativen wie dem spanischen Politiker Donoso Cortès, der sich zudem nicht gegen Marx, sondern vornehmlich gegen den

kleinbürgerlichen Sozialismus Proudhons richtet und der gegen die von unten drohende Diktatur die Diktatur von oben forderte – der der Gewalt von links offen und unverhüllt die Gewalt von rechts entgegenstellen wollte. Dergleichen mochte man *tun*; auch der General Cavaignac hatte im Juni 1848 den Aufstand in Paris niederkartätscht und damit Schule gemacht. Aussprechen aber und öffentlich fordern durfte man das nicht, wie die europäische Reaktion auf die Rede des Donoso Cortès vom 4. Januar 1849 zeigt. Obwohl damals schon im Kern gebrochen, hatte die Revolution – oder doch ein liberales Denken – viel zu stark an Terrain gewonnen, um sich solche »reaktionären« Forderungen bieten zu lassen. Proudhon selbst schleuderte dem Spanier sein »Allume!« entgegen, womit er auf die Scheiterhaufen der Inquisition anspielte, und Moses Hess sprach von dem »Geheul des Herrn Donoso Cortès«, das Alexander Herzen viel zu ernst genommen habe, indem er mit Argumenten darauf eingegangen sei. Karl Marx und Friedrich Engels nahmen diese Vorgänge eifrig zur Kenntnis.

Gewichtiger schon mußte die praktische Lösung der sozialen Frage erscheinen, die sich mit dem Staatsstreich Napoleons III. vom 2. Dezember 1851 abzeichnete und der ein so unverdächtiger Föderalist und so entschiedener Europäer wie Konstantin Frantz unverhohlen das Wort geredet hat. In seiner 1852 erschienenen Schrift über »Louis Napoléon« heißt es:

»*Aufgabe*. Es ist ein Volk gegeben, welches die ganze Substanz seines alten Staatslebens zerstört und seitdem keine gemeinsame Staatsanschauung mehr hat, gleichwohl aber einer öffentlichen Gewalt und einer öffentlichen Ordnung bedarf. Was ist also zu tun? –

Auflösung. Dieses Volk stellt einen Mann an seine Spitze, der den Kollektivwillen des Volkes in sich zusammenfaßt, und dieser Mann gibt eine Verfassung, welche von dem Volk ratifiziert wird. Dieser Mann regiert nicht in kraft der Legitimität oder sonst einer moralischen Idee, sondern im Namen einer physischen Notwendigkeit, da er auf der Majorität ruht und die Notwendigkeit vorliegt, daß sich die Minorität unterwerfen muß. Der Mechanismus der neuen Verfassung wird nach den Forderungen der praktischen Zweckmäßigkeit eingerichtet, nicht nach den Forderungen irgendwelcher öffentlichen Rechte, die ja nicht vorhanden sind. Und die ganze Verfassung selbst besteht auch

nicht in kraft ihrer Legitimität, sondern als eine physische Notwendigkeit, welcher die Armee Nachdruck gibt, indem sie den Widerstand der Minorität niederwirft. Das ist Napoleon, das ist der Napoleonismus... Man sieht zunächst, daß die wesentliche Form eines solchen Staatswesens die Diktatur ist... Man sieht endlich..., daß hiermit das Prinzip der Diskussion, der Dialektik, darniedergeworfen ist, – diese Theorie, welche die Welt nur für ein Gedankensystem erklärt und daher diese Welt nach bloßen logischen Kombinationen, die irgendein Professor erfunden hat, einzurichten unternimmt; diese Theorie, welche die Staatsgewalt in diskutierende Vereine, in die Klubs, in die Assemblée und in die Presse verlegen und alle wirklichen Mächte dem Geschwätz unterordnen will; diese falsche Philosophie, welche Descartes mit dem Satze: »cogito ergo sum« begonnen und die Hegel mit dem »sich selbst denkenden Denken« vollendet hat; diese falsche Philosophie, welche lehrt, daß das Denken die Substanz des Menschen sei...
Ja, es gibt den Kampf gegen diese falsche Philosophie, welche im Laufe der Zeit eine so große Konfusion angestiftet, daß am Ende nichts anderes übrigbleibt, als es stellt sich ein Mann an die Spitze mit dem Säbel in der Hand... Das ist Napoleon! Dieser neue Herkules, der die lärnäische Schlange der Demagogie getötet, der die stymphalischen Vögel der Schwätzer vertrieben und den Augiasstall des alten Europas gereinigt; dieser Heros, der die grübelnde Welt dem Prinzip der Aktivität und Personalität zurückgegeben hat und der dafür bei der diskutierenden Bourgeoisie, bei den Advokaten und Ideologen stets verhaßt war, aber stets populär bei dem Volke, welches in ihm den Menschen erkannte.«
Es versteht sich von selbst, daß Karl Marx in einem Regime, das eine solche Interpretation gestattete, und zwar nicht etwa durch einen gemieteten Schreiber, sondern durch einen so intelligenten und integren Mann wie Konstantin Frantz, den Erzfeind erkennen mußte. In einer seiner glänzendsten Arbeiten – »Der achtzehnte Brumaire des Louis Bonaparte« – unterzog er den »Bonapartismus« einer ätzenden Kritik.
Die eigentliche, in vieler Beziehung bis heute aktuelle Gegenposition erwuchs dem Marxismus indessen von einer anderen Seite – aus dem Schoße der Hegelschen Schule und in der Gestalt der Staats- und Gesellschaftslehre von Lorenz Stein. Sie

hat den gleichen Ausgangspunkt wie die revolutionäre Theorie von Marx: die Hegelsche Philosophie. Allerdings kommt Stein weniger von der »Phänomenologie des Geistes« her als vielmehr von der »Rechtsphilosophie«, also dem konservativeren Spätwerk Hegels. Die inneren Spannungen des Hegelschen Denkens treten in Marx und Stein auseinander und führen zu zwei Fortsetzungen der Hegelschen Philosophie, die über den weitgehend sterilen Gegensatz der Links- und Rechtshegelianer hinausweisen. Lorenz Stein hatte den Hegelianismus in Kiel kennengelernt. Er war schon früh, durch sein praktisches politisches Interesse, über den Formelkram der orthodoxen Schüler, aber auch über die unerträglichen Sophismen der Junghegelianer hinausgewachsen. Seine erste große Arbeit – »Der Sozialismus und Kommunismus des heutigen Frankreichs. Ein Beitrag zur Zeitgeschichte« – erschien 1842 und wies den Verfasser nicht nur als einen selbständigen Kopf, sondern auch als guten Beobachter aus, der darüber hinaus zu unterscheiden vermochte und das schwer durchschaubare Gewirr der französischen Linksbewegungen mit einem Male durchsichtig machte. Karl Marx hat das Buch von Stein mit Gewinn gelesen, eine Reihe schlagender Formulierungen sind ihm direkt entlehnt.

In der Diagnose der kapitalistischen Klassengesellschaft steht Stein nicht hinter Marx zurück. Die großen Gegensätze der Zeit, nicht nur in Frankreich, sondern in ganz Europa, sind auch für ihn Arbeit und Kapital, Bourgeoisie und Proletariat, Reichtum und Armut, Herrschaft und Knechtschaft. Das zentrale Problem sind auch für Stein der Klassenkampf und die sich in ihm zuspitzende soziale Frage. Stein aber hat die Gegensätze nicht nur historisch zu beschreiben, sondern auch systematisch zu entfalten gesucht, und zwar zuerst in der mit Recht berühmten »Einleitung« zur Neufassung seiner »Geschichte der sozialen Bewegung in Frankreich« von 1850, sodann in einer Reihe von Werken, unter denen wir nur hervorheben den zweiten Band des »Systems der Staatswissenschaften« von 1856 (die umfassende Darstellung seiner »Gesellschaftslehre«), sowie die seit 1865 erscheinende, groß angelegte »Verwaltungslehre«. In diesen Werken gestaltet sich eine Sicht der Lage, die auf der einen Seite bestimmt ist durch den Anschauungsunterricht der französischen Verhältnisse, auf der anderen durch die Entdeckung einer komplizierten, vielschichtigen Wirklichkeit des Staates und der staatlichen Verwaltung, die der an Fragen der Verfassung ausgerichtete Liberalismus entweder übersieht oder aber verneint. Die Entwicklung der Dinge in Frankreich, wo Stein sich von Oktober 1841 bis März 1843 und dann ein zweites Mal Mitte 1848 aufgehalten hat, führte zu einer Kritik der sozialen Revolution, jeder gewaltsamen Lösung der sozialen Frage, die in ihrer bestechenden Einfachheit bis heute Beachtung verdient: »Indem nämlich die soziale Revolution die Staatsgewalt für das Proletariat oder kapitallose Arbeit erwirbt, fällt jene Gewalt, ihrer höheren Natur nach die absolut allgemeine, in die Hände einer *einzelnen Klasse* der Gesellschaft. Auch diese Klasse hat ihr sehr bestimmtes, das ganze Leben der Gesellschaft umfassendes Interesse. Sie wird daher die Staatsgewalt für dieses Sonderinteresse ihrer eigenen gesellschaftlichen Stellung gebrauchen; sie wird vermöge der Staatsgewalt alle anderen Interessen und Aufgaben ihm unterordnen; sie wird dem unterworfenen Teile der Gesellschaft die freie Selbstbestimmung nehmen, und vor allem zu dem Zwecke ihm die Teilnahme an der Staatsgewalt versagen. Indem sie somit die Hälfte der Gemeinschaft von dem seinem Begriffe nach allen Gemeinsamen ausschließen, macht sie den Staat und die Gesellschaft *unfrei*. Die Unfreiheit ist nicht minder da, wo die Arbeit das Kapital, als da, wo das Kapital die Arbeit beherrscht. Der Sieg des Proletariats ist der Sieg der Unfreiheit, während er der Sieg der Freiheit sein sollte.« In dieser »Herrschaft des Proletariats über die Staatsgewalt«, der, wie Stein sagt, die »innere, wahre Berechtigung«, die Legitimität fehlt, verwirklicht sich die »absolute Unfreiheit«. Diese wird durch einen unerwarteten Umstand zwangsläufig verstärkt: Es ist nämlich – eine treffende, echte Beobachtung – keineswegs der Fall, daß das allgemeine Wahlrecht die demokratisch-sozialistischen Parteien an die Macht bringt.

»Die Zahl derer, welche bei einer sozialen Revolution zu verlieren haben, ist bei weitem größer, als die, welche dabei gewinnen.« Nur in außerordentlich seltenen Fällen, wenn die demokratisch-sozialistische Bewegung mit einem allgemeinen Kampf um die politische Freiheit verbunden ist, kann das allgemeine Wahlrecht zum Sieg dieser Bewegung führen. Aber selbst dann nur ausnahmsweise. Infolgedessen bleibt dem Proletariat gar nichts anderes übrig, als zur Gewalt zu greifen und eine »Gewaltherrschaft« zu errichten. »Diese Gewaltherrschaft aber hat eine eigentümlich furchtbare Natur. Wie jede Herrschaft ist sie in ihrer Anwendung gegen das gerichtet, was ihrem Bestehen droht. In der Herrschaft des Proletariats aber ist das, was ihrem Bestehen droht, eben die Existenz der Elemente, auf denen die höhere Klasse der Gesellschaft ruht. Das Dasein dieser Elemente und dieser Klasse ist ... eine fortwährende Kriegserklärung dieser Klasse gegen die bestehende Gewalt des Proletariats. Das letztere muß daher seine Gewalt gebrauchen, um nicht bloß diese Klasse, sondern auch die gesellschaftliche Grundlage derselben zu vernichten. Hier beginnt ein Kampf, den wir den Terrorismus, die Schreckensherrschaft nennen; ein blutiger, seiner Natur nach endloser Kampf, die furchtbarste Erscheinung der Geschichte, nicht bloß weil sie Leben und Gut mit kalter Wut hinopfert, sondern weil sie durch den gesellschaftlichen Mord das an und für sich Unmögliche will. Die Schreckensherrschaft ist der Gipfel des Widerspruchs in der sozialen Revolution. Bei ihm angelangt, überschlägt sie sich, und der Gegenschlag tritt ein.«

Das hatte man 1794 gesehen, Stein selbst hatte es 1848/49 erlebt. Er zieht daraus den Schluß: »Die wirklich gelungene soziale Revolution führt daher stets zur Diktatur.« Was damals, 1850, in bezug auf Frankreich eine gute Prognose war.

Für Stein aber bedeutete diese Diktatur mehr als eine konterrevolutionäre Veranstaltung: »Indem diese Diktatur *über* der Gesellschaft steht, nimmt sie alsbald den Charakter jener Macht an, die ihrer Natur nach über die Gesellschaft erhaben ist. Sie erklärt sich für die selbständige Staatsgewalt und bekleidet sich mit dem Recht, der Aufgabe und der Heiligkeit derselben. Das ist das Ende der sozialen Revolution. Mitten aus dem Kampf der Gesellschaft tritt wieder die Staatsidee hervor, sich ablösend von der Herrschaft der einzelnen Gesellschaftsklassen, in sich selbst begründet, durch sich selbst herrschend.«

Hier wird der ganze Unterschied des Steinschen Ansatzes zur Konzeption von Karl Marx deutlich. Dieser wurzelt im Vormärz, in der revolutionären, von liberalen, demokratischen und sozialistisch-kommunistischen Hoffnungen durchtränkten Atmosphäre des Jahrzehnts *vor* 1848, wohingegen Lorenz Stein, in seiner norddeutschen Nüchternheit, die Ereignisse des Revolutionsjahres selbst zum Ausgangspunkt seiner Überlegungen macht, obgleich auch er zeitweise der Demokratie nahegestanden hatte und mit Arnold Ruge und Ernst Theodor Echtermeyer gut bekannt gewesen war. Die persönlichen Erfahrungen im schleswig-holsteinischen Sommer von 1848 hatten ihn indessen stark beeindruckt und tief enttäuscht. *Seine* Hoffnungen in bezug auf eine Lösung der sozialen Frage konzentrierten sich seitdem auf das, was er die »soziale Reform« nennt.

Man pflegt Stein in Anspruch zu nehmen für die Idee eines »sozialen Königtums«, die er denn auch eine Zeitlang vertreten hat. Sie ist jedoch nicht sein letztes Wort, noch überhaupt für seinen Gedanken zentral. Er knüpft vielmehr an Forderungen an, die von einigen wenigen, durch den Liberalismus nicht verblendeten Geistern schon vor ihm erhoben waren, so etwa von einem Mann wie Friedrich Harkort, der 1844, aus guter Kenntnis der englischen Verhältnisse, geschrieben hatte: »Vom Staate verlangen wir, daß er nicht allein gebietend, sondern auch helfend und fördernd einschreite... Sichert der Staat durch Zollschutz die Herren, dann geschehe auch einiges für die Diener.«

Harkort dachte dabei an eine breite Sozialgesetzgebung, die die mit der Industrialisierung entstehenden sozialen Schäden schrittweise abbaut und durch entsprechende Maßnahmen der Unternehmer sinnvoll unterstützt werden soll. Ähnlich Lorenz Stein. Er sieht, daß die soziale Frage nicht beschränkt ist auf das Verhältnis von Arbeit und Kapital.

»Jene soziale Frage unserer Zeit ist nicht bloß da in jenem Gegensatz, der sie allerdings am stärksten zum Ausdruck bringt. Sie ist ein allgemeines Moment unseres gesamten Lebens... Sie umfaßt uns alle, sie durchdringt jede Art, jedes Maß, jede Ordnung sowohl unseres Besitzes als unserer Arbeit. Sie ist allgegenwärtig. Sie ist ein Teil unseres Bewußtseins. Und gerade das ist ihre Gewalt... An sie schließt sich der Gegensatz der Klassen mit seinem Kampfe um Gut und Recht, und über ihn hinaus ragen dann, die Zukunft beherrschend, jene elementaren Kräfte unseres Lebens, welche das, was man die Lösung jener Frage zu nennen pflegt, nicht mehr in einer einzelnen, wenn auch noch so geistvollen und glänzenden Tag, sondern in der langsamen und mühevollen, aber ihr letztes hohes Ziel vorbereitenden Arbeit unseres nächsten Jahrhunderts suchen müssen.«

Das ist der Ansatz einer Entmythologisierung der sozialen Frage, wie sie Lorenz Stein mit seinem Werke gelungen ist.

Darin besteht bis heute die Bedeutung dieses Werkes, seine unübersehbare Aktualität. Stein ist sich darüber klar, daß die Lösung nicht bestehen kann in der Herstellung einer absoluten, sowohl rechtlichen als auch gesellschaftlichen und ökonomischen Gleichheit. Eine solche Gleichheit ist nicht nur in der modernen, arbeitsteiligen Industriegesellschaft nicht zu verwirklichen: »Diese Gleichheit der Menschen läßt sich ebenso wenig denken, als sie je wirklich gewesen ist oder sein wird.«
Daher ist es falsch und sogar gefährlich, die soziale Frage in den Kategorien von Herr und Knecht zu stellen und damit die Abschaffung aller und jeder Herrschaft auf das Programm zu schreiben. Eine Steigerung und Intensivierung der Herrschaft muß die unausbleibliche Folge sein. Die Dialektik der menschlichen Dinge zeigt sich nirgends erschütternder als in der Sequenz von Terror und Gegenterror, die die vermeintliche Verwirklichung von vermeintlichen Idealzuständen auslöst. Die soziale Utopie ist tief eingewoben in die Geschichte der europäischen Revolution und des europäischen Bürgerkrieges. Der Mythos von Herr und Knecht, der ganze Komplex von politischen, sozialen und geschichtsphilosophischen Ideen, der seinen Kern in diesem Mythos hat, der durch ihn umgestaltet wird in Motivationen des Massenverhaltens, der Massenerregung und der Massenbewegung, gehört zu den stärksten Antrieben der Revolution und des Bürgerkrieges, der im 19. Jahrhundert die kontinental-europäische Verwandlung der Agrargesellschaft in die industrielle Erwerbsgesellschaft begleitet und ihr das Gepräge gibt. Es kommt daher darauf an, die soziale Frage anders zu stellen, das heißt: sie zu entmythologisieren und ihr damit den politischen Zündstoff zu nehmen, den Demagogen aller Art, von links und von rechts, für sich ausnützen können. Das meint Lorenz Stein, wenn er die soziale Revolution in soziale Reform verwandeln will.
Er geht dabei nicht etwa wie Wilhelm Heinrich Riehl von konservativen und romantischen Vorstellungen aus. Der Industrialismus ist vielmehr das Prinzip der Zeit – der Gegenwart wie der Zukunft; der Weg in die Vergangenheit ist versperrt, und eine Idealisierung der mittelalterlichen Wirtschafts- und Sozialverfassung, wie sie zum Beispiel Franz von Baader, aber auch der unter dem Namen Karl Marlo bekanntgewordene Chemiker und Nationalökonom Karl Georg Win-

kelblech betrieben, hat infolgedessen keine ernstliche Bedeutung. Ebensowenig vermag sich die Arbeiterschaft selbst zu helfen, wie der Kaplan Adolf Kolping auf der einen oder der Schriftsetzer Stephan Born oder auch Hermann Schulze-Delitzsch auf der anderen Seite glaubten. Schließlich kann die soziale Frage nicht auf karitativer Basis gelöst werden, was ein Mann wie der Mainzer Bischof Wilhelm Emmanuel Ketteler immerhin für möglich hielt. So bleibt nur der Staat als eine der Gesellschaft, ihren Interessen und ihren Konflikten überlegene Instanz, die die soziale Frage verwandeln und lösen kann. Dabei hatte Stein die deutschen Staaten und insbesondere Preußen im Auge, deren tragende Schicht das Beamtentum war, ein Beamtentum, von dem der liberale Verwaltungsrechtler Otto Mayer gesagt hat, es sei, »und zwar vor allem das alle maßgebenden Stellen erfüllende gelehrte Berufsbeamtentum, kein Werkzeug, sondern eine selbständige Macht im Staate«. Stein schreibt: »Das, was den Menschen frei macht, ist die Überwindung des äußeren Lebens zu seinem Dienste. Die Bestimmung zu seiner Freiheit liegt daher in der Fähigkeit, durch seine eigene Tätigkeit, durch seine persönliche, fortdauernd neue Selbstbestimmung zu dieser Herrschaft kommen zu können. In der Erwerbsgesellschaft ist das Kapital der Ausdruck und die Wirklichkeit dieser Herrschaft. Die Bestimmung der persönlichen Freiheit in dieser Gesellschaft liegt mithin darin, daß die letzte Arbeitskraft die Fähigkeit habe, zum Kapitalbesitze zu gelangen.« Es fragt sich aber, »ob es in der Erwerbsgesellschaft überhaupt möglich ist, die Arbeit so einzurichten und sie mit solchen Einrichtungen zu umgeben, daß sie allein zu einem, ihrem Maße und ihrer Art entsprechenden Besitze führt«. Damit ist die Aufgabe des Staates bezeichnet: »Die Arbeit, die Tätigkeit, die Vorschläge, die Versuche, die Gesetze, die Anstalten, welche der Arbeit dies möglich machen wollen, bilden den Inhalt der sozialen Reform.«

Der Staat stellt eine rechtliche Gleichheit der Staatsbürger her und garantiert sie. Aber nicht nur das: er hat darüber hinaus eine aktive *Sozialpolitik* zu betreiben, die, wie Stein sagt, ausgerichtet ist auf »die Gesellschaftsordnung des gegenseitigen Interesses«. Wenn Adolph Wagner später definieren konnte: »Unter Sozialpolitik im allgemeinen verstehen wir diejenige Politik des Staates, welche Mißstände im Gebiete des Verteilungsprozesses mit Mitteln der Gesetzgebung und Verwaltung zu bekämpfen sucht«, so liegt das durchaus im Sinne Steins. Von hier aus versteht es sich, daß die Bismarcksche Sozialgesetzgebung dem Werk Steins verpflichtet ist, insofern, als beide in einer ausgebauten Sozialverwaltung den Kern eines zukünftigen Sozialstaates sahen. Die große Reichstagsrede Bismarcks vom 15. März 1884 legt davon Zeugnis ab. Daß sich hier in gewisser Weise eine spezifisch deutsche Lösung der sozialen Frage abzeichnet, hat der bedeutende liberale Jurist Rudolf Gneist bereits 1872, in seinem Buch über den »Rechtsstaat«, auseinandergesetzt, indem er mit Nachdruck auf die besondere Entwicklung des deutschen Verwaltungsrechts hinwies. Andererseits aber darf man nicht verkennen, daß die soziale Frage im 20. Jahrhundert tatsächlich im sozialen Verwaltungsstaat der entwickelten Industriegesellschaft ihre Lösung gefunden hat. Das gehört jedoch bereits zum Thema des nächsten Kapitels.

Wir haben gesehen: Die soziale Frage entsteht im 18. Jahrhundert; die Entdeckung des Sozialen bildet den Auftakt der bürgerlichen Revolution, die die Umwandlung der feudalständischen Agrargesellschaft in die industriekapitalistische Klassengesellschaft begleitet. Der Mythos von Herr und Knecht, der Kern eines ganzen Pakets von politischen und sozialen Ideen, mobilisiert die revolutionären Energien, ohne die die Revolution des 18. und des 19. Jahrhunderts nicht denkbar sind. In einer zweiten Phase verwandelt sich die soziale Frage in die »Arbeiterfrage«. Diese Verwandlung findet ihren schärfsten Ausdruck in der Lehre von Karl Marx, die die Herrschafts- und Knechtschaftsmythologie in die Form einer ökonomischen und soziologischen Theorie kleidet und die Gegensätze des Klassenkampfes zu der Forderung einer sozialen Revolution zuspitzt. Unter der Drohung dieser Revolution leitet sich etwas Neues, weit in die Zukunft Weisendes ein – eine Entmythologisierung der sozialen Problematik, wie wir sie im Denken von Lorenz Stein als die Konzeption einer langsamen, aber umfassenden Sozialreform vor uns haben, die in der Sozialpolitik Bismarcks praktisch zu werden beginnt. Die Fruchtbarkeit dieses Ansatzes aber kann sich erst heute entfalten, nachdem ein weiterer Gegensatz durchlaufen ist: der von Imperialismus und Weltrevolution.

3. Kapitel
Weltrevolution oder Sozialstaat?

I.

Friedrich Engels hat in einem berühmten Buch die »Lage der arbeitenden Klassen in England« beschrieben (1844). Seine Schilderungen sind kaum übertrieben, sie beruhen nicht nur auf eigener Anschauung, sondern großenteils auch auf amtlichen Erhebungen, wie sie damals von der englischen Regierung zu ihrer eigenen Unterrichtung bereits durchgeführt wurden. Sie finden darüber hinaus Ergänzung und Bestätigung in der zeitgenössischen Literatur, die die sozialen Zustände des frühen 19. Jahrhunderts mit lebhafter Anteilnahme wiedergibt. Hierher gehören eine Fülle von scharfen Pamphleten solcher Autoren wie Ravenstone, Edmonds, Thompson, Hodgkins usw., die heute längst vergessen sind, obwohl Marx und Engels immer wieder auf sie hingewiesen haben. Wir denken dabei ferner noch an die Romane von Charles Dickens. Neben diesem steht eine stattliche Reihe weiterer sozialkritischer Romanautoren, darunter ein Mann, der in der englischen Geschichte wenig später eine bedeutende Rolle spielen sollte – Benjamin Disraeli, der schon in den 20er Jahren begann, literarische Arbeiten zu veröffentlichen, die durch ihre realistische Zeichnung des gesellschaftlichen Lebens Aufsehen erregten.

In unserem Zusammenhang ist Disraelis Roman »Sybil«, mit dem Untertitel »The Two Nations«, von 1845 von besonderem Interesse. Den Ablauf der Handlung – eine romantische, reichlich melodramatische Liebesgeschichte – können wir auf sich beruhen lassen. Das eigentliche Thema dagegen ist die Lage und die Zukunft der englischen Industriearbeiterschaft. Der Untertitel enthält die Diagnose: Die Arbeiterschaft und der Rest der Gesellschaft, insbesondere die Oberschicht, bilden zwei »Völker«, zwei »Nationen«, die durch einen Abgrund voneinander getrennt sind und sich bestenfalls beziehungslos, normalerweise aber ohne jedes Verständnis und zu Zeiten sogar in brutaler Feindschaft gegenüberstehen. Der Chartismus unter seinen Führern O'Connor und anderen bringt das Land an den Rand des Bürgerkrieges, seine Agitation kann sich auf das Elend, die rohe Ausbeutung breiter Schichten durch eine Minderheit industrieller Kapitalisten stützen; für ein Jahrzehnt nimmt auch in England der Klassenkampf kontinental-europäische Formen an. Die Lösung des Konflikts liegt für Disraeli darin, daß der Adel und die konservative Partei sich erneuern – das ist schon das Thema seines früheren Romans »Conigsby, Or the New Generation« –, die berechtigten Forderungen des »Volkes« zu ihren eigenen machen und durchsetzen. Der Feind ist das liberale Großbürgertum, das sogenannte Manchestertum, der einseitige und rücksichtslose Industrialismus, wie er in England seit den großen Reformen der 30er Jahre auch politisch an der Macht ist.

Die herrschende Oligarchie oder – wie Disraeli sie auch bezeichnet – die »venezianische Verfassung« leitet ihre Macht her aus einer Eigentümlichkeit der englischen Sozialgeschichte. Disraeli sagt:

»In einem kommerziellen Land wie England erschließt sich jedes halbe Jahrhundert irgendeine neue und ergiebige Quelle öffentlichen Wohlstandes und bringt eine neue und mächtige Klasse zu nationaler Geltung. Vor einigen Jahrhunderten war der ›Türkische Kaufmann‹ der große Begründer von Reichtum; der ›Westindische Pflanzer‹ folgte ihm, in der Mitte des vorigen Jahrhunderts erschien der ›Nabob‹. Auf ihrem Höhepunkt gingen diese Typen der Reihe nach im Lande auf und wurden englische Aristokraten. Als jedoch die Levante unergiebig geworden, Westindien erschöpft und Hindustan ausgeplündert war, starben diese Typen aus; sie existieren heute nur noch in englischen Komödien… Die Finanzierung der Revolutionskriege brachte den Händler mit Anleihen hervor, der auf den Nabob folgte. Die Anwendung der Wissenschaft auf die Industrie ließ den Fabrikanten entstehen, der nach Grundbesitz strebt und das immer tun wird, solange unsere Sozialverfassung auf dem Grundbesitz beruht.«

Das sind bemerkenswerte Sätze. Sie erklären einmal, warum es in England, von dem Jahrzehnt des radikalen Chartismus abgesehen, keinen Klassenkampf kontinentalen Stils gegeben hat. Zwar gab es Unruhen, vereinzelte Aufstände, wie Disraeli sagt, aber keine Revolution, insbesondere keine soziale Revolution. Denn der Weg in die Oberschicht stand in England nahezu jedem frei, der bedeutenden Erfolg aufzuweisen hatte. Infolgedessen kam es nicht in dem Maße zu sozialen Stauungen wie auf dem Kontinent. Es ist für die englische Arbeiterbewegung bezeichnend, daß im April 1848, als die Regierung mit Straßenschlachten vom Typ der Pariser Februarrevolution rechnete, einer der gefürchtetsten Arbeiterführer, der schon genannte O'Connor, im Londoner Scotland Yard erschien, um die Polizei über das Wohlverhalten der Arbeitermassen zu beruhigen. Auf der anderen Seite aber stellen die zitierten Sätze die englische Oberschicht in einen bestimmten Zusammenhang. Die jeweiligen Wellen von Emporkömmlingen treten die Nachfolge der normannischen Eroberer an, rücken in deren Positionen auf und trennen sich damit von den »Eroberten«, dem eigentlichen »Volke«, den Nachfahren der vornormannischen Ureinwohner Englands.

Das ist deutlich die Theorie Boulainvilliers', sinnvoll verwandelt und den historischen Umständen angepaßt. Daher zerfällt England nicht nur in zwei Völker, sondern diese sind zugleich »Herren« auf der einen und »Knechte« auf der anderen Seite, wobei die »Knechtschaft« im Industriesystem, also bei mechanisierter Arbeit, in den Augen Disraelis, wahrer »Sklaverei« gleichkommt; sie wird verschärft durch die irische Einwanderung, die die Löhne auf das Existenzminimum herab und oft genug darunterdrückt. Das alles zu Nutz und Frommen der kapitalistischen »Drohnen«. Der erneuerte Toryismus dagegen wird die arbeitenden Klassen und die Aristokratie gemeinsam um die Krone scharen, um die jugendliche Königin, »deren Erscheinung die Phantasie anspricht«, deren Prärogative dem Hader der Parteien und den Tumulten des Parlaments ein Ende macht und die erkennt, »daß die Macht nur eine Pflicht hat – die soziale Wohlfahrt des Volkes sicherzustellen«. Das Bündnis von Adel, Volk und Krone überbrückt die Kluft zwischen den zwei Nationen, zwischen Eroberern und Eroberten. Die Idee des »sozialen Königtums«, die wir schon bei Lorenz Stein getroffen haben, vereint England im Zeichen seiner Gleichheit, die nicht auf der Nivellierung der »Wenigen«, sondern auf der Erhebung der »Vielen« beruht. Denn: »The mind of England is the mind ever of the rising race – der Geist Englands ist immer der Geist einer aufsteigenden Rasse.«

Es ist hier nicht der Ort, die – im Vordergrund romantischen, in der Substanz freilich alles andere als romantischen – Gedanken Disraelis im einzelnen darzustellen. Sie sind ebenso kühn wie hintergründig. In ihrem Zentrum steht die Erkenntnis von der insularen Sonderstellung Englands gegenüber den übrigen Weltmächten und insbesondere dem europäischen Kontinent, die er 1866 folgendermaßen formuliert: »England ist hinausgewachsen über den europäischen Kontinent. Seine Stellung ist nicht mehr bloß die einer europäischen Macht, sondern England ist die Metropole eines großen maritimen Weltreiches... England ist tatsächlich mehr eine asiatische als eine europäische Macht.«

Dieser Gedanke, der eine Prognose der kommenden Bedeutung Asiens zur Voraussetzung hat, beherrscht bereits den Roman »Tancred«, aus dem Jahre 1847. In ihm lanciert Disraeli den Vorschlag, die Königin Viktoria solle ihre Flotte versammeln, sie mit allem, was für den Bestand und die Größe der britischen Herrschaft von Wichtigkeit ist, beladen und die Hauptstadt des Empires von London nach Delhi verlegen. Ein Vorschlag – nicht weniger ungeheuerlich wie der einer Verlegung des apostolischen Stuhles! Es liegt indessen auf der Hand, daß Disraelis praktische Politik, insbesondere die Außenpolitik seines vierten und letzten Ministeriums durch solche Gedanken geleitet wurde, über deren Esoterik der genannte Roman einige Aufschlüsse gibt: Die Einverleibung der Fidschi-Inseln 1874, der Ankauf der Suez-Kanal-Aktien im November 1875, die Reise des Prince of Wales nach Indien im Oktober des gleichen Jahres und die Annahme des Titels »Kaiserin von Indien« durch die Königin Viktoria im Mai 1875, endlich die Reorganisation der englischen Armee gewinnen auf diesem Hintergrund die innere Folgerichtigkeit einer zielsicheren Politik. Diese Politik leitet nicht nur das Zeitalter des Imperialismus ein, sondern bringt den Imperialismus, im Sinne der programmatischen Romane aus den 40er Jahren, in einen bestimmten Zusammenhang mit der sozialen Frage. Dieser Zusammenhang wird deutlich in der berühmten Kristallpalastrede Disraelis von 1872. Hier weist er der Konservativen Partei drei Ziele zu: die Erhaltung der britischen

Institutionen, die Festigung und die Erweiterung des Empires und die Verbesserung der sozialen Verhältnisse.
Imperialismus als Lösung der sozialen Frage – das scheint auf den ersten Blick paradox. Dennoch ist das ein zentraler Gedanke nicht nur bei Disraeli. Noch der langjährige britische Außenminister Austen Chamberlain schrieb in seinen 1936 veröffentlichten Memoiren »Politics from Inside«: »Demokratie erfordert zwei Dinge – Imperialismus und Sozialreform.«
So lautete – mehr oder weniger ausdrücklich – das Credo ganzer Generationen englischer Politiker, der Konservativen wie der Liberalen und der Sozialisten gleichermaßen. Das ist völlig in Vergessenheit geraten, vor allem für das deutsche Geschichtsbewußtsein, dem die Zeit vor 1945, mit dem Historiker Reinhart Koselleck zu reden, wie eine graue Vorzeit erscheint. Um so größer ist das Verdienst des jungen amerikanischen Soziologen Bernhard Semmel, der in seinem Ende 1960 erschienenen Buch »Imperialism and Social Reform, English Social-Imperial Thought: 1895–1914« das wesentliche Material ausgebreitet hat. Seine Arbeit ist eine Fundgrube wichtiger und folgenreicher Einsichten, auf die eine sachliche, von den herrschenden Ideologien ungetrübte Diagnose der gegenwärtigen Lage nicht verzichten kann. Wir müssen daher auf den englischen Sozialimperialismus der Jahrhundertwende eingehen und seine Wirkung nach innen, auf die innerenglischen Verhältnisse, sowie seine Wirkung nach außen, auf das Verhältnis zur Welt, zu den übrigen Mächten und nicht zuletzt zu den annektierten Gebieten und Völkerschaften ins Auge fassen.
Die Wirkung nach innen, also der Zusammenhang von Imperialismus und Sozialreform hat seine Begründung gefunden zum Beispiel in den folgenden, charakteristischen Worten eines Mannes wie Cecil Rhodes: »Ich war gestern im Eastend von London und besuchte eine Arbeitslosenversammlung. Ich hörte mir die wilden Reden an; sie waren ein einziger Schrei nach ›Brot, Brot, Brot‹. Auf dem Heimweg überdachte ich die ganze Szene noch einmal, und mehr denn je festigte sich in mir die Überzeugung von der Bedeutung des Imperialismus. Mein Lieblingsgedanke ist die Lösung der Sozialen Frage, das heißt: um vierzig Millionen Einwohner des Vereinigten Königreichs vor einem blutigen Bürgerkrieg zu bewahren, müssen wir Kolonialpolitiker neues Land beschaffen, um die Überschußbevölkerung

unterzubringen, um neue Märkte zu erschließen für die Güter, die sie in den Fabriken und Bergwerken herstellt. Das Empire ist, wie ich immer gesagt habe, eine Magenfrage. Wer den Bürgerkrieg vermeiden will, muß Imperialist werden.«
Das ist, im Jahre 1895, zweifellos die Anschauung vieler handfester Praktiker. Sie ist indessen doch zu schlicht, um ein Programm abzugeben. Sehr viel differenzierter argumentierte daher wenige Jahre später Joseph Chamberlain, wenn er (vor allem seit 1903) als Kolonialminister einer protektionistischen Politik dem Gedanken eines Systems von Vorzugszöllen das Wort redet und damit die soziale Frag geschickt verband. Von frühesten Jahren an war Chamberlain sowohl Imperialist als auch Sozialreformer. Die Stärkung und Erweiterung des Empires, insbesondere gegenüber dem deutschen Reich, dessen Industrieproduktion die englische einzuholen und, auf bestimmten Gebieten, zu überflügeln begann, war für ihn nicht zuletzt auch eine wirtschaftliche Notwendigkeit. Die Sicherung und Erweiterung des englischen Außenhandels – sein Volumen erreicht 1903 nahezu den Wert von 300 Millionen Pfund – war in seinen Augen nur möglich, wenn das Empire zu einer geschlossenen Wirtschaftseinheit, zu einem arbeitsteilig organisierten einheitlichen Versorgungsraum ausgebaut würde, der durch Schutzzölle gegen ausländische, nicht dem Empire angehörende Produzenten abgesichert und durch Vorzugszölle, Absatz- und Austauschbegünstigungen aller Art innerhalb der einzelnen Teile des Empires zusammengeschweißt wird. Insbesondere die Beschäftigung und die Steigerung des Lebensstandards im Mutterlande hängen davon ab. In diesem Sinne konnte Chamberlain behaupten: »Ich vertrete die Arbeit..., die *nicht* an sich selbst denkt als an eine Klasse, die gegen eine andere Klasse des Gemeinwesens kämpft, sondern die aufgeschlossen ist für die Verpflichtungen des Landes und des Empires, dem sie angehört.«
Seine Ziele, so sagt er, deckten sich mit denen der Gewerkschaften. Ohne Schutzzollmauern überschwemmen ausländische Produkte die englischen Märkte. Das muß zu einem Rückgang der Beschäftigung führen. Also – Abbau des Freihandels, der Begünstigungen ausländischer Interessen, die ohnehin nichts für den englischen Arbeiter zu leisten geneigt sind, wohingegen die Einnahmen aus den Zöllen der englischen Sozialgesetzgebung

direkt zugute kommen können – neben den indirekten Wirkungen auf die Gesamtwirtschaft. Sein letztes Ziel, so erklärte Chamberlain, sei eine gerechte Verteilung des wachsenden Volkseinkommens – eine »Reform, die für die Massen der Industriebevölkerung dieses Landes eine ständige Beschäftigung, bei gerechten Löhnen, sicherstellt«.

Das ist, in groben Zügen, das klassische Konzept des britischen Sozialimperialismus, wie er sich seit den 80er Jahren herausgebildet hat. Der Journalist Ralph Blumenfeld, ein Mitglied der Zoll-Reform-Liga – der »Tariff Reform League« –, die die arbeitenden Massen für dieses Programm zu gewinnen suchte, hat den berühmten Slogan geprägt: Tariff Reform Means Work for All – Zollreform heißt Arbeit für alle! Ein Slogan, der in den Wahlkampagnen zu Beginn des 20. Jahrhunderts eine zentrale Rolle gespielt hat. Aber nicht nur Chamberlain und die radikalen Protektionisten wie die radikalen Tariff-Reformer waren Vertreter des Sozialimperialismus, er hatte seine Anhänger überall; wir nennen nur solche wie Viscount Millner, den langjährigen britischen Hohen Kommissar in Südafrika, die Nationalökonomen William Cunningham und William J. Ashley, den Geographen und Politiker Halford J. Mackinder, ferner unter den Sozialisten George Bernard Shaw, Sidney und Beatrice Webb, Clifford Sharp oder Robert Blatchford und unter den Liberalen Lord Rosebery, Edward Grey, Henry Herbert Asquith oder Richard Burden Haldane. Dazu kommen die ausgesprochenen Theoretiker des Imperialismus – Charles Dilke, John Seeley, Rudyard Kipling, Benjamin Kidd und Charles Pearson und viele andere, von denen noch die Rede sein wird. Es ist nicht übertrieben, wenn Lord Rosebery 1901, in einer Rede in Chesterfield, davon sprach, daß »ein neues Gefühl für das Empire ... die Nation erfaßt« habe. Ein französischer Beobachter, Victor Bérard, der um die Jahrhundertwende in England weilte, stellte fest, daß der Imperialismus überall, in allen Schichten des Volkes Trumpf sei: Der Klassenkampf, die Aufspaltung der Nation in »zwei Völker« schien überwunden, und die soziale Frage, so konnte man annehmen, war ihrer endgültigen Lösung zugeführt. Niemand redete mehr von Herren und Knechten, selbst der Mann auf der Straße war überzeugt davon, daß, mit Disraeli zu sprechen, die» Rechte eines Engländers etwas Besseres beinhalten als die Menschenrechte«.

Der Gegensatz von Herr und Knecht war in England um so wirkungsvoller aufgehoben, als es gelungen war, ihn nach außen zu projizieren – in das Verhältnis des englischen Volkes zu den übrigen Bewohnern der Erde. Dabei spielte die mit dem englischen Imperialismus von Anfang an, seit den Tagen Disraelis, eng verbundene Rassentheorie eine entscheidende Rolle. Auch das können wir hier nur andeuten, indem wir auf die zwei hervorragendsten Rassentheoretiker des englischen Imperialismus hinweisen – auf den Soziologen Benjamin Kidd und den bekannten Publizisten Charles Pearson, den Nachfolger von Francis Galton auf dem Lehrstuhl für »Nationale Eugenik« an der Londoner Universität. Sie sowie die Oxforder Neuhegelianer Green und Bradley und der von ihnen beeinflußte Staatsphilosoph Bernard Bosanquet waren es, die den liberalen Evolutionismus Herbert Spencers durch das ersetzten, was man heute als Sozialdarwinismus bezeichnet. Wenn der Darwinismus – der »Kampf ums Dasein« und das »Überleben der Tüchtigsten« – zunächst im Sinne eines radikalen Liberalismus und Individualismus auf die inneren Verhältnisse, auf die kapitalistische Konkurrenzwirtschaft angewendet wurde (übrigens schon von Darwin selbst), so vollzieht sich jetzt eine Übertragung seiner Prinzipien auf das Leben der Völker und Rassen, also eine Nutzanwendung auf die Außenpolitik. Das ist eine bedeutsame Akzentverschiebung, die mit der innenpolitischen Durchsetzung des Imperialismus als Lösung der sozialen Frage einhergeht. Beide Vorgänge fördern sich gegenseitig.

Benjamin Kidd wurde mit einem Schlage berühmt, als er 1894 sein Werk »Social Evolution« veröffentlichte. Der Erfolg dieses Buches war derartig, daß sein Verfasser zu einem der bedeutendsten englischen Soziologen aufrückte. Seine Theorie läßt sich in ein paar Sätzen wiedergeben. Sie geht davon aus, daß sowohl die individualistische Entwicklungslehre als auch die Klassenkampftheorie des Marxismus falsch ist. Weder die eine noch die andere begreift, daß das Individuum seine Interessen der Gruppe unterordnen muß. Das liegt in der geschichtlichen Entwicklung begründet, die immer größere Einheiten in den Kampf um das Dasein, in die Rivalität um Chancen und Futterplätze hineingezogen hat, um ihre Effizienz zu steigern und dadurch den Fortschritt zu bewirken. Dieser Prozeß muß fortgesetzt werden.

Sowohl im Inneren, wo der Standard der arbeitenden Klasse zu heben ist, und zwar auf Kosten der besitzenden Schichten, damit aus beiden ein »effektives« Ganzes werde, als auch nach außen, so daß Völker und Rassen miteinander um die besseren Lebensbedingungen kämpfen. In diesen kommenden Auseinandersetzungen hat die »angelsächsische Rasse« gute Erfolgsaussichten; sie gehört, wie die Deutschen, der »teutonischen« Rasse an, die anderen Rassen in vieler Hinsicht überlegen und daher zur Herrschaft über sie berufen ist. Dabei kommt es weniger auf intellektuelle Fähigkeiten an als auf eine »Qualität der sozialen Effizienz«, die durch Opfer, durch die Unterordnung des Individuums unter die Interessen der Gesamtheit und die Aufgaben der Zukunft erreicht werden kann. In diesem Sinne gehören Individualismus und Marxismus zusammen – als die »äußerste logische Konsequenz eines rationalisierten Protestes von seiten des einzelnen gegen die Unterordnung seiner Interessen unter die fortschrittliche Entwicklung, in der die Gesellschaft von Generation zu Generation begriffen ist«.
Noch radikaler wird dieser Sozialdarwinismus von Charles Pearson formuliert. Er ist Sozialist auf der einen, Nationalist auf der anderen Seite. Er hat seinen Standpunkt in einer Fülle von Büchern und Schriften niedergelegt. Der Ansatz seiner Überlegungen ist der Staat: »Achtung vor dem Staat – dem Staat als der res publica, dem Gemeinwohl – sollte der heiligste Grundsatz der neuen Bewegung sein.«
Jeder einzelne muß sich mit dem Staat identifizieren und mit Ludwig XIV. sagen: Der Staat – das bin ich. Darin besteht der »wahre Sozialismus«. Nur dann bildet die Nation ein »homogenes Ganzes«; »Klassen- und Besitzunterschiede« dürfen nicht so groß sein, »daß wir den Sinn für das Gemeinwohl verlieren«. Denn die Nation als solche muß »fit« sein für den »Kampf um das Dasein«, in dem – darin besteht der geschichtliche Fortschritt – die »tüchtigere Rasse« überlebt. Diesen Kampf um das Dasein individualistisch interpretiert zu haben, ist der Fehler der früheren Darwinisten wie Spencer, Haeckel und Huxley. Der Mensch aber ist ein »Herdentier« mit einem »sozialen Instinkt«. Entwicklung ist daher nicht der Kampf von Einzelwesen, sondern »von Stamm gegen Stamm, Rasse gegen Rasse«. »Rasse- und Nationalgefühl« sind »Naturkräfte« und als solche stärker als wirtschaftliche Gegebenheiten. Diese Naturkräfte

formen die Geschichte – »den Krieg mit minderwertigen Rassen oder mit gleichwertigen Rassen, den Kampf um Handelswege, Rohstoffquellen und Nahrungsmittel«. Dieser Kampf ist auch für die Arbeiterschaft von entscheidender Bedeutung: »Der Tag, an dem wir aufhören, unsere Stellung unter den Nationen zu halten, wird ein Tag der Katastrophe sein für unsere Arbeiter zu Hause.« Einigkeit im Inneren bildet die Voraussetzung für die äußere Stärke und Macht einer Nation, diese aber wirkt zurück auf den inneren Wohlstand. »Diese Tendenz zu sozialer Organisation, die ein fortschreitendes Gemeinwesen auszeichnet, mag – im besten und weitesten Sinne des Wortes – Sozialismus genannt werden.«
Diese Theorien verbanden sich für Pearson sehr bald mit der »Eugenik« von Francis Galton, die seit 1883 – dem Erscheinungsjahr seiner »Inquiries into Human Faculty and its Development« – die Gemüter erregte, vor allem seit der Übersetzung der Schriften des deutschen Biologen August Weismann. Der erbitterte Streit um die Vererbungslehre, in den der alte Spencer noch eingriff, ist nur verständlich im Zusammenhang mit der Rassentheorie und der Behauptung Galtons, die Eugenik sei eine Art neuer Religion – sie unterstütze das »Walten der Natur«, »indem sie dafür sorge, daß die Menschheit durch die fittesten Rassen präsentiert« wird. Es ging also, wie man glaubte, um nichts Geringeres als um »die körperlichen und geistigen Rasseneigenschaften der kommenden Generationen«, wobei es selbstverständlich war, daß diese Eigenschaften den Schlüssel abgaben für die Aufrechterhaltung des britischen Empires, für sein Gedeihen und seine Erweiterung im Kampf mit den wirtschaftlich und politisch konkurrierenden Großmächten. Daher ist es für die Zukunft eine entscheidende Frage, welche Teile des Sozialkörpers zur Fortpflanzung gelangen und sich am stärksten vermehren. Galton wollte daher die »Tauglichsten« zur Zeugung ermuntern; Pearson ging einen Schritt weiter, er fügte den Maßnahmen hinzu, die »Nicht-Tauglichen« vom Kinderzeugen abzuhalten – administrative Maßnahmen, wenn es nach ihm gegangen wäre. Rasseneugenik ist das Kernstück eines nationalen »Sozialismus«, des »Sozialismus der Zukunft«. Diesem geht es nicht, wie dem Marxismus zum Beispiel, um eine Verbesserung der äußeren Verhältnisse, der sozialen Umwelt, sondern um die

Steigerung, die Heraufzüchtung der Rasse: »Höherer Patriotismus und Rassenstolz sind unsere Hilfsmittel im Kampf gegen die Entartung.«

Nur eine »bewußte Rassenpflege« vermag die Gefahren zu bannen, die von einer fallenden Reproduktionsrate drohen; »falsche Rücksichten auf menschliche Solidarität« und ein »weicher Humanitarismus« sind hier nicht am Platze. Eine harte Erziehung muß die eugenischen Maßnahmen ergänzen. In diesem Sinne sagt etwa Lord Baden-Powell – in seinem Buch »Aids to Scouting« – ohne alle Ironie: »Fußball ist ein gutes Spiel, aber noch besser, besser als jedes andere Spiel ist das der Menschenjagd – better than any other game is that of menhunting«.

Die unmittelbare Konsequenz dieses rassentheoretisch begründeten Sozialdarwinismus ist die Aufspaltung der Völker in »höhere« und »niedere« Rassen. Wenn die Aufklärung die eine, alle Individuen umfassende Menschheit als das Subjekt der Weltgeschichte betrachtet und wenn der Nationalismus des 19. Jahrhunderts diese eine Menschheit in Nationen aufgelöst hatte, so treten jetzt die Rassen hervor als die eigentlichen Träger der Geschichte. In John Seeleys berühmtem Buch von 1883, »The Expansion of England«, wird die Prognose gestellt, die Zukunft gehöre nicht dem Nationalstaat, sondern politischen Gebilden ganz neuen Typs – Mächten von der Komplexität und Großräumigkeit Rußlands und der Vereinigten Staaten. Die Aufgabe Englands besteht, nach Seeley, darin, in diese neue Konstellation als dritte Weltmacht einzutreten, wie er sagt: als eine Art »Welt-Venedig«, das in jeder Richtung vom Ozean durchströmt wird und dessen Straßen von der See gebildet werden. Wie Rußland und die Vereinigten Staaten ist auch das britische Empire ein Völkergemisch, das sich dem Begriff des Nationalstaates entzieht. Hier liegt die praktische Bedeutung der Rassentheorie, die auch für Seeley eine Selbstverständlichkeit ist. Das Empire bildet den Herrschaftsraum der »englischen Rasse«, die den übrigen Rassen dieses Raumes in jeder Beziehung überlegen ist; ihre Gefahr besteht, wie auch Seeley glaubt, in der Vermischung mit niederen Rassen – woran zum Beispiel das spanische Weltreich, diesem Historiker zufolge, zugrunde gegangen ist.

Ein anderer Vorkämpfer des Empires, Charles Dilke, hatte in seinem Buch »Problems of Greater Britain«, einer frühen

Programmschrift des Imperialismus, schon 1869 geschrieben: »Die Idee, die mich auf allen meinen Reisen begleitet und geführt hat, der Schlüssel, mit dem ich mir das Verborgene in fremden neuen Ländern erschlossen habe, ist die Vorstellung... von der Größe unserer Rasse, die bereits den Erdkreis umschlingt und die vielleicht dazu bestimmt ist, sich schließlich über die ganze Erde zu verbreiten.«
Einen Schritt weiter, und wir stehen vor dem Rassenchauvinismus eines Mannes wie John Davidson, der 1908 kurz und bündig erklärte: »Der Engländer ist der Übermensch, und die Geschichte Englands ist die Geschichte seiner Entwicklung.«
Wenig schroff, aber im gleichen Sinne spricht auch John Chamberlain davon, daß »die angelsächsische Rasse unfehlbar die Bestimmung (hat), die vorherrschende Kraft in der Geschichte und der Zivilisation der Welt zu sein«. Aussprüche dieser Art sind Legion.
Der Rassenbegriff und die Rassentheorie gestatten also einmal, in sich so heterogene Gebilde wie das britische Empire als eine Herrschaftseinheit zu betrachten, sie geben darüber hinaus dieser Herrschaft sozusagen eine »naturwissenschaftliche« Legitimation. Die Effektivität, mehr noch: die bloße Tatsache dieser Herrschaft erscheint als Ausfluß und Ergebnis einer »natürlichen« Überlegenheit. So behauptet etwa Edmond Demolins in einem Pamphlet über die Burenfrage, die Überlegenheit einer Rasse führe unausweichlich zu ihrer Vorherrschaft. Wie diese Vorherrschaft errichtet wird, friedlich oder mit Waffengewalt, ist gleichgültig, denn sie trägt in jedem Fall ihre Rechtfertigung in sich selbst. Darin sieht Demolins ein »Naturgesetz«, das ebenso unanfechtbar sei wie das der Gravitation; und er fährt fort: »Dieses Gesetz ist das einzige, was für die Geschichte der menschlichen Rasse und die Revolution der Reiche zählt. Mehr noch: Es erklärt und rechtfertigt die Landnahme – the appropriation of territories – der Europäer in Asien, Afrika und Ozeanien sowie unsere gesamte Kolonialentwicklung.«
Noch krasser drückt sich Earl Edward Grey aus: »Spricht irgend etwas dafür, daß die Kluft zwischen dem weißen und dem schwarzen Mann in absehbarer Zeit überbrückt werden kann? Kann es einen Zweifel geben, daß der weiße Mann seine überlegene Zivilisation den farbigen Rassen aufzwingen muß und wird? Die Rivalität zwischen den europäischen Haupt-

ländern bei der Ausdehnung ihres Einflusses auf andere Kontinente wird auf natürliche Weise dazu führen, daß sich der höchste erreichbare Typus von Herrschaft über unterworfene Rassen kraft der überlegenen Qualität der Herrscher herausbildet.«

Wie dieser Typus von Herrschaft aussieht, darüber gibt der Essay eines so erfahrenen Kolonialbeamten wie Lord Cromer »Government of Subject Races« von 1908 Aufschluß; wie man ihn, zum Ruhme Großbritanniens und der »nordischen Rasse«, noch verbessern kann, ersieht man aus den verschiedenen Testamenten von Cecil Rhodes mit ihrer Konzeption einer Weltverwaltung durch eine Geheimgesellschaft und ihre Agenten, die die Lehren der »Weisen von Zion« vorwegnimmt.

Der Imperialismus löst also die soziale Frage, hebt den Gegensatz von Herr und Knecht im Inneren des Landes auf, indem er auf die Welt übergreift und die Bewohner der Erde in höhere und niedere Rassen, in zivilisierte und unzivilisierte Völker einteilt, von denen die einen berufen sind, über die anderen zu herrschen. Der Gegensatz von Herr und Knecht wird im sozialen Raum überwunden, um außen, im kolonialen Bereich wieder aufzuerstehen. Der Soziologe Vilfredo Pareto trifft mit Recht die Feststellung, daß die moderne Lehre von den zivilisierten und den unzivilisierten Völkern in gewisser Weise eine Neuauflage der aristotelischen Lehre von der natürlichen Sklaverei darstelle. Das ist eine aufschlußreiche Bemerkung. Kein Wunder, daß die in den sozialen und politischen Konflikten des 18. und 19. Jahrhunderts ausgebildete Mythologie von Herr und Knecht jetzt, zu Beginn des 20. Jahrhunderts, auf die imperialistische und koloniale Situation angewendet wird. Die Theorie des Imperialismus erleidet gegenwärtig das gleiche Schicksal wie die Lehre Boulainvilliers' im 18. Jahrhundert. Sie wird beim Wort genommen und gegen den Imperialismus ausgespielt. Mit dem Unterschied, daß der Mythos von Herr und Knecht nicht erst der Entfaltung bedarf, daß er vielmehr, in Gestalt des Bolschewismus, eine situationsgerechte Formulierung besitzt.

II.

Es ist nicht klar, ob Lenin, bei seinen Aufenthalten in England in den Jahren 1902 und 1903, mit dem Sozialimperialismus näher in Berührung gekommen ist. Aus Bemerkungen der Krupskaja und Trotzkis, der Lenin damals kennenlernte, kann man schließen, daß er Kontakt zu englischen Sozialisten besaß, sich die Redner des Hyde Parks anhörte und Arbeiterversammlungen aller Art besuchte. Den größten Teil seiner Zeit verbrachte er im Britischen Museum, wo er täglich die Presse der ganzen Welt durchsah. Und wenn er auch hauptsächlich mit russischen Emigranten verkehrte und damals vornehmlich mit Fragen der Parteiorganisation befaßt war, mit der Vorbereitung des Parteitages von 1903, so kann ihm der seit zwei Jahrzehnten sich vollziehende Umschwung in der öffentlichen Meinung und in der offiziellen Argumentation doch nicht entgangen sein. Die Eindrücke, die er hier empfangen haben muß, wurden später, während des Ersten Weltkrieges, fruchtbar; sie fanden Niederschlag in der Ausgestaltung seiner Theorie des Imperialismus als des letzten Stadiums der kapitalistischen Entwicklung, der er im Jahre 1917 eine seiner großen Schriften gewidmet hat, eine Schrift, die bis heute von nicht zu unterschätzender Bedeutung ist. Sie ist ein geschichtliches Dokument ersten Ranges, da sie dem imperialistischen Programm das Programm der Weltrevolution entgegenstellt und die soziale Frage an dem Punkt aufgreift, wo der Sozialimperialismus sie zu lösen geglaubt hatte. Damit wird, theoretisch wie praktisch, eine Auseinandersetzung eingeleitet, die bis heute noch nicht beendet ist. Die Schrift eines der engsten Mitarbeiter Präsident Kennedys und Johnsons – Walt Rostows »Stadien wirtschaftlichen Wachstums. Eine Alternative zur marxistischen Entwicklungstheorie« (oder wie der amerikanische Untertitel eigentlich lautet: A Non-Communist Manifesto) – ist nicht so sehr eine Antwort auf das Kommunistische Manifest als vielmehr der Versuch einer Widerlegung von Lenins weltpolitischer Diagnose.

Lenins Diagnose aus dem Jahre 1917 ist vor allem durch zwei Arbeiten bestimmt – durch das große Buch »Imperialism. A Study«, das der liberale englische Nationalökonom John A. Hobson zuerst 1902 veröffentlicht hat, und durch die Analyse »Das Finanzkapital. Eine Studie über die jüngste Entwicklung des Kapitalismus« des Marxisten Rudolf Hilferding aus dem

Jahre 1909. Beide Arbeiten decken sich weitgehend, und sie ergänzen sich in vielen Punkten, obwohl sie von entgegengesetzten Positionen ausgehen und sehr unterschiedliche Ziele verfolgen. Hobson hat als erster die ökonomischen Antriebe der imperialistischen Bewegung dargelegt und bloßgestellt. Der industrielle Kapitalismus erreicht, zuerst in England, dann in den kontinentalen Industrienationen ein Stadium, in dem sich die erwirtschafteten und akkumulierten Kapitalien ohne eine Veränderung des sozialen Systems der Klassengesellschaft nicht mehr sinnvoll und gewinnbringend plazieren lassen. Infolgedessen ergibt sich die Notwendigkeit, diese Kapitalien zu exportieren und in industriell nicht erschlossenen Ländern, das heißt: in Kolonien, Protektoraten und Mandatsgebieten, zu investieren. Einer kleinen Gruppe von Menschen, die die Großindustrien und die Großbanken kontrollieren, gibt der Imperialismus die Möglichkeit, unter militärischer Bedeckung und Absicherung, deren Kosten auf die Allgemeinheit abgewälzt werden, Kapital auszuführen, dadurch den Außenhandel zu beleben und auf diese Weise die industrielle Expansion, das Lebensgesetz des modernen Kapitalismus, in Gang zu halten. Das ist die These, die Hobson mit einer Fülle von Material belegt. In einer Arbeit von 1914 – »The Export of Capital« – hat er seine These ergänzt und präzisiert. Zu ganz ähnlichen Feststellungen wie Hobson ist auch Hilferding gekommen. Er unterzieht die Voraussetzungen, die Formen und die Wirkungen des Kapitalexports einer Analyse und zeigt, wie die Einschränkung und Aufhebung der freien Konkurrenz durch Kartelle, Trusts und Monopole, ferner der wachsende Einfluß des Bankkapitals auf die Industrie und schließlich der mit den genannten Vorgängen verbundene allgemeine Übergang zu einer Politik des Schutzzolls auf eine Erweiterung der Wirtschafts- und Versorgungsräume und infolgedessen zu einer Verstärkung des Kapitalexports drängen. Denn dieser ist in den meisten Fällen nicht nur unmittelbar mit erheblichen Gewinnen verbunden, er steigert vor allem die Aufnahmefähigkeit fremder Märkte für die Industrieprodukte des Mutterlandes. Auf diese Weise hält die Aufschließung neuer Märkte nicht allein die industrielle Wachstumsrate, sie ermöglicht darüber hinaus, in einem gewissen Umfang, auch die Beendigung wirtschaftlicher Depressionen und die Abschwächung der Krisenwirkung. Das ist auf dem Hintergrund der großen, von England ausgehenden, die kontinentale Volkswirtschaft beherrschenden Wirtschaftskrisen am Ende des 19. Jahrhunderts von nicht zu unterschätzender Bedeutung.

Soziologisch hat der Imperialismus – auch das haben Hobson und Hilferding gezeigt – den wachsenden Einfluß der wirtschaftlich führenden Schichten und Gruppen auf den Staatsapparat und die Politik zur Voraussetzung. Parlamente und Verwaltungen werden in steigendem Maße abhängig von bestimmten Gruppen des Großbürgertums, das sich, vor allem seit 1848, zunehmend mit den alten Aristokratien verbündet. Dieser Einfluß auf Staat und Politik macht sich im letzten Viertel des Jahrhunderts überall bemerkbar und führt zu einer weitgehenden Ausrichtung der Politik nach den Bedürfnissen, Interessen und Zielen dieser sozialen Gruppen. Ihr Einfluß zeigt sich gleichfalls in der zunehmenden Manipulation der öffentlichen Meinung im Sinne eines chauvinistisch übersteigerten Nationalismus. Unter dem Druck einer von den genannten sozialen Mächten abhängigen Presse treten jetzt jene Theorien in den Vordergrund, die der Verschleierung, der Idealisierung und Heroisierung der Antriebe und der Impulse einer imperialistischen Politik dienen und die wir bereits kennengelernt haben.

Lenin greift die Gedankengänge von Hobson und Hilferding auf, kombiniert sie und führt sie weiter. Er beschreibt in großen Zügen, gestützt auf Statistiken und Spezialliteratur, die strukturellen Veränderungen des Hochkapitalismus – die Aufhebung der freien Märkte und vor allem das Entstehen der Monopole und anderer marktbeherrschender Machtpositionen, die wachsende Konzentration des Kapitals in einer sich vermindernden Zahl von Unternehmungen, den steigenden Einfluß der Großbanken und des Finanzkapitals besonders auf dem Kontinent und in den Vereinigten Staaten. Eine hervorragende Bedeutung schreibt Lenin, in der Nachfolge von Hobson und Hilferding, dem Kapitalexport zu: »Für den alten Kapitalismus, mit der vollen Herrschaft der freien Konkurrenz, war der Export von Waren kennzeichnend. Für den neuesten Kapitalismus, mit der Herrschaft der Monopole, ist der Export von Kapital kennzeichnend geworden.«

Zu Beginn des 20. Jahrhunderts nimmt die Ausfuhr von Kapital Riesendimensionen an, weil nur so die industrielle Wachstumsrate gesteigert werden kann. Das Geld fließt in die Kolonien oder in Form von Anleihen in industriell weniger entwickelte Länder; ungeheure Zinsen und gewaltige Gewinne fließen zurück. Unter dem Druck der Großindustrie und der Großbanken gehen die Regierungen der kapitalexportierenden Länder dazu über, eine imperialistische Politik zu betreiben, das heißt: eine Politik, die die Sicherheit des Kapitalverkehrs mit militärischen Mitteln herstellt. Im letzten Drittel des 19. Jahrhunderts wird daher die Monopolstellung der englischen Kolonialmacht durchbrochen, und es kommt zu einer Neuaufteilung der Welt, die darauf zielt, einigen wenigen Industriestaaten und in diesen wiederum einer verschwindend kleinen Minderheit die Reichtümer und die Völker der Erde zur Ausbeutung verfügbar zu machen. In diesem Sinne ist der Imperialismus das »höchste Stadium des Kapitalismus«: »Auf der einen Seite ist das Finanzkapital das Bankkapital einiger weniger monopolistischer Großbanken, das mit dem Kapital monopolistischer Industriellenverbände verschmolzen ist; auf der anderen Seite ist die Aufteilung der Welt der Übergang von einer Kolonialpolitik, die sich ungehindert auf Kosten der noch von keiner kapitalistischen Macht besetzten Gebiete ausdehnt, zu einer Kolonialpolitik der monopolistischen Beherrschung der restlos aufgeteilten Erde.«

Sobald die Erde aufgeteilt ist, kann es nicht ausbleiben, daß die ohnehin schon starken Spannungen zwischen den Industrienationen zu Konflikten und Kriegen Anlaß geben. Der imperialistische Kapitalismus, der auf industrielle und in deren Folge auf territoriale Expansion nicht verzichten kann, birgt die Möglichkeit ungeheurer Kriege in sich, deren erster der Weltkrieg von 1914 ist. In seinen »Thesen über den Krieg« appelliert Lenin an das internationale Proletariat, vor allem an das Proletariat der kriegführenden Mächte, um es zur »Weltrevolution« aufzurufen. Durch die Zustimmung sozialistischer Parlamentarier zu den Kriegskrediten ist die II. Internationale zusammengebrochen. Es kommt darauf an, eine neue Internationale zu schaffen, die in aller Rigorosität den Klassenkampf proklamiert und in der Lage ist, den »imperialistischen Krieg« in einen »Bürgerkrieg« zu verwandeln, in den »revolutionären Bürgerkrieg«, der die Weltrevolution einleitet. Die Aufgabe dieser neuen, der III. Internationale besteht nicht zuletzt darin, die nationalen und kolonialen Friedens- und Befreiungsbewegungen zu koordinieren und zu fördern. Lenin hat frühzeitig erkannt, daß die nationale und antikoloniale »farbige« Revolution mit der proletarischen Revolution identifiziert werden kann. Mit dem Gelingen dieser Identifizierung, im Zeichen einer Wiederbelebung des Mythos von Herr und Knecht, hat sich der Bolschewismus ein nahezu unerschöpfliches Reservoir an revolutionären Energien geschaffen.

So sagt Lenin: »Die Opportunisten waren noch des Lobes voll, daß unter ›Demokratie‹ ›sozialer Friede‹ herrsche und Stürme nicht notwendig seien, als in Asien ein neuer Herd der heftigsten Weltstürme entstand... Wir müssen Zuversicht aus der Tatsache schöpfen, daß Asien mit seinen 800 Millionen in den Kampf um dieselben Ideale einbezogen wurde, um die in Europa gekämpft wird.«

Nicht zuletzt im Hinblick darauf hat Lenin 1914 eine Theorie »über das Selbstbestimmungsrecht der Nationen« ausgearbeitet. Die leninistischen Doktrinen sind so bekannt, daß wir darauf nicht näher einzugehen brauchen.

Jedenfalls hat der Bolschewismus alle Elemente des Mythos von Herr und Knecht in einer verschärften Form erneuert. Der imperialistische Kapitalismus ist der Feind – ein gigantisches, die ganze Welt umgreifendes System der Herrschaft, das auf Raub, Ausbeutung und brutaler Unterdrückung beruht, das den Zwang zum Krieg als ökonomische Notwendigkeit in sich birgt und gegen das alle Unterprivilegierten dieser Erde, alle »Knechte«, nicht nur das Proletariat, sondern ganze Völker und ganze Rassen mobil gemacht werden müssen. Die proletarische Revolution ist, wie wir gesehen haben, mit der farbigen Revolution identisch; die antikolonialen und nationalen Bewegungen erscheinen als Teil der proletarischen Weltrevolution und das Proletariat selbst als die, überall mit dem Bauernstand verbündete soziale Spitzentruppe dieser Revolution, deren »Avantgarde«, bestehend aus proletarischen Berufsrevolutionären, wiederum die kommunistischen Parteien sind. So erschließt Lenin dem Bolschewismus die großen Quellen des politischen, des sozialen und des rassisch bedingten Hasses, er gibt diesem Haß zugleich ein Ziel, das ein Ansatzpunkt der Hoffnung ist, ein säkulares Prinzip des Heils und die Verheißung einer Erlösung von den Mühen des irdischen Daseins.

Der Mythos von Herr und Knecht verwandelt sich hier in die Keimzelle einer synkretistischen Sozialreligion, deren Transzendenz die Zukunft ist. Ihre Wirkung besteht nicht zuletzt darin, daß sie auf jedem Bildungsniveau zum Zuge kommen kann: Ihre intellektuelle Draperie und ihre scholastischen Finessen – zum Beispiel ihre hegelianischen Implikationen, die Philosophie des jungen Marx und dergleichen mehr – beschäftigen die anspruchsvollen Geister, während die breiten, zum Teil analphabetischen Massen der Suggestion der elementaren Einfachheit ihrer Bilder erliegen. Das »metaphysische Bedürfnis« von 90 % der Menschheit zeigt sich bekanntlich befriedigt, sobald der »Schuldige« ausgemacht ist, der der Verwirklichung des irdischen Paradieses im Wege steht.

III.

In der Wirklichkeit, das heißt: in der Sowjetunion, hat sich der Bolschewismus sehr bald als eine Methode kurzfristiger Industrialisierung erwiesen. Im Zeichen einer sozialistischen und kommunistischen Zukunftsvision betreibt er den Aufbau einer modernen Industriegesellschaft, deren schnelles Entwicklungstempo oder, was dasselbe ist, deren hohe Investitionsrate bis heute weitgehend auf einer Konsumaskese beruht, die teils ideologisch, sozialmythologisch in dem angedeuteten Sinne, teils einfach terroristisch herbeigeführt und erzwungen wird.

Wassily Leontjef sagt: »Um das Einkommen schnell zu vermehren, muß man einen möglichst großen und steigenden Teil für produktive Investitionen abzweigen. Das bedeutet, daß der Konsum eingeschränkt werden muß; und während man so den Lebensstandard der Massen niedrig hält, muß man sie gleichzeitig zu intensiver Arbeit anhalten. In seiner Theorie der kapitalistischen Akkumulation beschreibt Marx eben einen solchen Prozeß, nur daß er dabei abschätzige Begriffe verwendet. Die Eigentümer der Produktionsmittel nutzen ihre Monopolstellung gegenüber der Arbeiterklasse dazu aus, die Löhne niedrig und die Gewinne hoch zu halten. Niedrige Löhne sind gleichbedeutend mit einem niedrigen Verbrauchsstandard; hohe Gewinne – der hohe ›Exploitationsgrad‹ – bedeuten eine hohe Akkumulationsrate, da die Kapitalisten immer danach streben, ihr Kapital zu vergrößern, um dadurch untereinander konkurrenzfähiger zu werden, und auch, um in der Lage zu sein, mehr Arbeiter einzustellen, die man ausbeuten kann. Länger als dreißig Jahre sind die Kommunisten in Rußland eisern diesem Rezept gefolgt.«

Dieses System, dessen Grad der Durchorganisiertheit beachtlich ist und das mit Hilfe der Partei und ihrer Organisationen das ganze Land, bis in die letzten Einzelheiten des täglichen Lebens hinein, tatsächlich erfaßt und wirkungsvoll kontrolliert, stellt zweifellos eine Lösung der sozialen Frage dar – insofern es diese Frage aus dem Bewußtsein der Sowjetmenschen effektiv ausgeräumt hat. Eben diese Leistung hat indessen auch der industrielle Kapitalismus der westlichen Welt, und zwar in einem sehr viel intensiveren Maße, vollbracht, indem er die Armutsphase überwunden hat und in eine Ära des Wohlstandes und des Überflusses eingetreten ist. Was in der Sowjetunion heute noch Versprechen ist, nämlich Wohlstand für alle, das ist in der kapitalistischen Welt seit einiger Zeit Wirklichkeit.

Der Umschwung hat sich nicht in allen kapitalistischen Ländern gleichzeitig vollzogen. Vorangegangen sind die Vereinigten Staaten, deren Industrieproduktion um die Jahrhundertwende die Englands und Deutschlands überflügelte. Überall aber steigt in diesen Jahren vor dem Ersten Weltkrieg nicht nur das Sozialprodukt, sondern auch das Pro-Kopf-Einkommen, das heißt der Anteil des einzelnen an dem sich vermehrenden Wohlstand, bei gleichzeitiger Senkung der Arbeitszeit. Ein paar Zahlen, die wir den Berechnungen Colin Clarks entnehmen, mögen das verdeutlichen: Das Sozialprodukt der USA betrug, in Preisen von 1925 bis 1934, im Jahre 1850 etwa 6 Milliarden Dollar, es steigerte sich bis 1900 auf etwa 40 Milliarden und bis 1910 auf 53 Milliarden Dollar; das Real-Einkommen pro Beschäftigten hat sich in diesem Zeitraum verdoppelt. Die Verteilung ist in Europa noch breiter als in den USA, hier verdreifacht sich in einigen Ländern das Einkommen pro Beschäftigten nahezu. Die Marxsche Prognose einer wachsenden Verelendung des Proletariats erweist sich als unrichtig – desgleichen die Voraussage eines wachsenden Anteils der Industriearbeiterschaft an der Gesamtheit der beschäftigten Bevölkerung, also die berühmte Behauptung einer zunehmenden Proletarisierung des Volkskörpers. Dabei müssen wir einen

Augenblick verharren; hier eröffnet sich der Einblick in das innere Gefüge der modernen Industriegesellschaft, der für alles weitere von großer Bedeutung ist.

Der französische Soziologe und Ökonom Jean Fourastié hat 1949, im Anschluß an die umfassende Statistik von Colin Clark, in seinem wichtigen Buch »Die große Hoffnung des 20. Jahrhunderts« die Verschiebungen in der Struktur der beschäftigten Bevölkerung untersucht, die der technische Fortschritt und die Industrialisierung verwirklicht haben. Dabei kam er zu folgendem Ergebnis: Während in der vorindustriellen Agrargesellschaft überall etwa 80 % der Menschen in der Landwirtschaft tätig sind und von dort ihr Einkommen beziehen, etwa 10 % im Handwerk und in den Gewerbebetrieben und die restlichen 10 % im Handel, in der Verwaltung und in den freien Berufen arbeiten, ändert sich diese Verteilung mit dem Entstehen der modernen Industrie. Die Landwirtschaft setzt Arbeitskräfte frei, die von der Industrie aufgesogen werden. In diesem Stadium hat Marx den Vorgang beobachtet und analysiert. Fourastié konnte nun zeigen, daß die Industrie nicht unbegrenzt aufnimmt und beschäftigt, wie Marx angenommen hatte, sie absorbiert vielmehr höchstens 50 % der Berufstätigen, über diesen Prozentsatz hinaus kann infolgedessen die Industriearbeiterschaft nirgends ansteigen. Im Gegenteil: Diese nimmt, wie die Statistik zeigt, sehr bald wieder ab, aber nicht zugunsten der Landwirtschaft, sondern der sogenannten »tertiären« Beschäftigungen, der Dienstleistungsberufe im weitesten Sinne des Wortes. Das ist eigentlich nicht erstaunlich. Wenn der Lebensstandard nicht nur der Oberschichten, sondern breiterer Bevölkerungsteile steigt, wenn diese Bevölkerungsteile in den Städten und Großstädten der industriellen Ballungsräume zusammenströmen, so werden zu ihrer Versorgung mit Wohnung, Kleidung und Nahrung, zur Befriedigung ihrer Ansprüche an den Verkehr, an medizinischen und hygienischen Dienstleistungen, zu ihrer Verwaltung und schließlich zu ihrer Unterhaltung, zur Ausfüllung ihrer Freizeit immer mehr Menschen erforderlich. Man hat berechnet, daß in den letzten Jahrzehnten jede Stelle in den sogenannten »Grundleistungen« eine weitere Stelle in den sogenannten »Folgeleistungen« mit sich brachte. Grob gesprochen heißt das: auf 100 Beschäftigte in der Industrie kommen 50 Beschäftigte in der Versorgung im

weitesten Sinne, auf deren Versorgung wieder 25 Beschäftigte, die ihrerseits 12 Versorgungsstellen tragen usw. Das ergibt ein Verhältnis von ungefähr 1:1 – ein Verhältnis indessen, das sich, wie Fourastié festgestellt hat, weiterhin verschiebt, so daß sich die ursprüngliche, agrargesellschaftliche Struktur der Bevölkerung umkehrt. Nach Fourastiés Prognose werden die Dienstleistungsberufe mindestens 80 % der Menschen aufnehmen – wenn nicht noch mehr, die Industrie und die Landwirtschaft teilen sich in den Rest. Die Gesellschaft der Zukunft ist daher nicht die Industriegesellschaft, sondern eine Dienstleistungs- und Verwaltungsgesellschaft oder, wie Fourastié sagt, eine »tertiäre Zivilisation«, deren Lebensgrundlage die Industrie darstellt. Eine Industrie jedoch, deren Arbeitsproduktivität so gesteigert oder, was dasselbe ist, deren Kapitalausrüstung pro Arbeitsplatz so enorm ist, daß sie von weniger als 10 % der Bevölkerung, bei einer wesentlich reduzierten Arbeitszeit, betrieben werden kann. Das sind nicht etwa wilde Spekulationen; die tertiäre Zivilisation zeichnet sich heute schon überall ab, und ihre besonderen Probleme haben uns bereits erfaßt – wenngleich sie noch nicht immer und von allen an der Entscheidung Beteiligten als solche begriffen werden.
Wie wir gesehen haben, waren diese Umstrukturierungen, die wir hier nur andeuten können, auch bei der Entstehung des Imperialismus mit im Spiel. Wie Hobson zuerst systematisch gezeigt hat, ging es gegen Ende des 19. Jahrhunderts in den entwickelten Industriesystemen, vor allem in England, darum, Anlagemöglichkeiten für die erwirtschafteten Kapitalien zu finden und Absatzwege für die gesteigerte Industrieproduktion zu eröffnen. Der Imperialismus, das heißt die Konsolidierung des Empires, seine Abschirmung gegen dritte Produzenten durch Zollmauern und vor allem die von dieser Basis aus unternommene gewaltsame Erschließung neuer Möglichkeiten des Kapitalexports und des Warenabsatzes schien damals naheliegend. Auf diese Weise – das ist kein Zweifel – konnte das industrielle Wachstum aufrechterhalten werden, wobei, wie wir jetzt sagen können, nicht nur die Industriearbeiterschaft beschäftigt, sondern die von der Industrie freigesetzten Arbeitskräfte »tertiär« – also in Marine, Armee und Kolonialdienst – eingesetzt werden konnten. Das war die Lösung der sozialen Frage, wie sie den Imperialisten vor Augen stand. Dazu kam aber noch etwas Weiteres. Die Expansion des industriellen

Kapitalismus hatte während des 19. Jahrhunderts wesentlich auf einer beträchtlichen Zunahme der Bevölkerung beruht. Die wachsenden Bevölkerungen stellten als solche, auch ohne die Steigerung des Lebensstandards, sich vergrößernde Binnenmärkte der Volkswirtschaft dar, von denen die steigende Industrieproduktion absorbiert werden konnte. Eine der Grundvoraussetzungen der klassischen Nationalökonomie, das sogenannte Saysche Postulat, daß nämlich die Produktion über die Erzeugungskosten – Löhne, Material- und Kapitalkosten – ihre eigene Nachfrage schaffe, konnte nur richtig erscheinen auf dem Hintergrund der bei zunehmender Bevölkerung wachsenden Inlandsmärkte. Gegen das Ende des Jahrhunderts aber begann das Bevölkerungswachstum zu stagnieren, und damit entfiel eine stillschweigende Voraussetzung der kapitalistischen Expansion.

Diese Zusammenhänge wurden frühzeitig von einigen wenigen teils geahnt, teils klar erkannt. Sismondi zum Beispiel hatte zu Beginn des 19. Jahrhunderts eine Vorstellung von ihnen, ebenso Thomas Malthus, der 1821 über diesen Gegenstand mit Ricardo korrespondierte, ohne daß seine Argumente Früchte getragen hätten. Im 2. Kapitel dieser Arbeit wiesen wir darauf hin, daß Lorenz Stein in der Mitte des Jahrhunderts die Forderung erhoben hatte, die Arbeiter am Betriebsergebnis zu beteiligen. Er wollte auf diese Weise die soziale Unzufriedenheit und den Zündstoff der sozialen Revolution beseitigen. Andere sind ihm hierin gefolgt, worauf sie darauf hinwiesen, daß die industrielle Produktion auf die Massenkaufkraft der Arbeiter angewiesen sei – ein Gesichtspunkt, den ein Mann wie Johann Carl Rodbertus seit Ende der 1830er Jahre mit überlegener Klarheit herausgestellt hat, der jedoch erst gegen Ende des Jahrhunderts, bei veränderter Lage der Dinge, fruchtbar werden konnte. Dabei ist natürlich nicht zu vergessen, daß die organisierte Arbeiterbewegung, die sozialistischen Parteien und die Gewerkschaften, viel zur Durchsetzung dieses Gesichtspunktes beigetragen haben. Nicht zuletzt dadurch, daß sie die Unternehmerschaft in Bewegung gebracht hat.

Das wird besonders deutlich bei einem Industriellen wie Henry Ford. Ford ist nicht nur der Mann einer rationalisierten und standardisierten Produktion, des Fließbandes und der Arbeitsorganisation auf der Grundlage von Zeitstudien, und auch nicht

nur der Heros der Massenproduktion, der mit seinem Modell T das Automobil – gegen alle Erwartungen und gegen alle Voraussagen – zu einem Massengebrauchsgut gemacht hat. Henry Ford war sich vielmehr von Anfang an darüber klar, daß Massenproduktion nicht denkbar ist ohne Massenkonsum. Es war daher nicht nur Affekt gegen die Gewerkschaften, denen er die Mitglieder abspenstig machen wollte, sondern auch eine volkswirtschaftliche Erkenntnis, wenn er lange vor dem Ersten Weltkrieg zum Prinzip einer hohen Entlohnung seiner Belegschaft überging. In seiner Autobiographie »Mein Leben und Werk« sagt er: »Sind wir imstande, hohe Löhne auszuschütten, wird auch wieder mehr Geld ausgegeben, das dazu beiträgt, Ladeninhaber, Zwischenhändler, Fabrikanten und Arbeiter wohlhabender zu machen, und ihre Wohlhabenheit wird auch auf unseren Absatz Einfluß haben.« Ein Absinken der Löhne wäre, wie Ford meint, »gleichbedeutend mit einem Herabdrücken der Kaufkraft und einem Sinken des inneren Marktes«. In einer anderen Schrift – »My Philosophy of Industry« – von 1929 plädiert er, aus den gleichen Gründen, für eine weitere Verkürzung der Arbeitszeit: »Wenn sie mehr Zeit haben, gehen Frauen und Kinder mehr aus, und sie finden neue Produkte, neue Waren... so blüht das Geschäft.« Und 1930, bereits im Schatten der Weltwirtschaftskrise, sagt er: »Der Einfluß einer kürzeren Arbeitswoche auf den Verbrauch liegt am Tage... Wir haben in diesem Lande keine müßige Klasse, keine leisure class... Unsere kaufende Klasse ist unsere arbeitende Klasse, und die muß unsere leisure class werden, wenn unsere ungeheure Produktion mit unserem Verbrauch im Gleichgewicht sein soll.«
Und er fügt hinzu: »Mr. Edison hat mit Recht gesagt, daß die Bedürfnisse eines Menschen, sobald er genug zu essen hat, unbegrenzt werden.«
Das ist in der Form, wie Ford seine Gedanken vorträgt, sicher primitiv und entspricht insofern keineswegs der Komplexität des hochkapitalistischen Wirtschaftsgefüges. Das Prinzip aber ist unbestreitbar richtig. Es war im Grunde derselbe Gedanke, den auch John Hobson bereits 1889, zusammen mit A. F. Mummery, in dem Werk »The Physiognomy of Industry«, allerdings sehr viel differenzierter als Ford entwickelt hatte. Kein Geringerer als Lord Keynes bezeichnet dieses Buch als »eine Epoche im wirtschaftlichen Denken«, weil es die Dogmen der klassischen

Ökonomie an der entscheidenden Stelle angreift, nämlich an dem schon erwähnten Sayschen Postulat. In diesem Zusammenhang kommen die Verfasser zu der Feststellung, »daß im normalen Zustand moderner industrieller Gemeinwesen der Verbrauch die Erzeugung und nicht die Erzeugung den Verbrauch begrenzt«. Daraus folgern sie: »Es sollte klar sein, daß das Kapital eines Gemeinwesens nicht ohne Vorteil vermehrt werden kann, ohne eine nachfolgende Zunahme im Verbrauch von Waren.«
Dieses Argument hat Hobson in seinen späteren Arbeiten ausgebaut. Auch in seiner Analyse des Imperialismus von 1902 spielt es eine entscheidende Rolle, insofern als es eine Alternative zur Politik des Imperialismus zu eröffnen scheint. In diesem Sinne sagt Hobson: »Es ist nicht der industrielle Fortschritt, der neue Märkte und Gebiete der Investition notwendig macht, sondern die schlechte Verteilung der Kaufkraft, die es verhindert, daß Waren und Kapital im Inland absorbiert werden.« Wenn es daher gelinge, das Verbrauchsniveau, den Lebensstandard der breiten Massen zu heben und auf diese Weise mit jedem Anwachsen der Produktion Schritt zu halten – Hobson ist wie Edison und Ford überzeugt von der nahezu unbegrenzten Aufnahmefähigkeit des inneren Marktes, von der quantitativen und qualitativen Grenzenlosigkeit der Massennachfrage –, so erübrige sich der kostspielige und unwirtschaftliche Imperialismus. Der imperialistische Kapitalexport wird nach Hobson in genau dem Maße überflüssig, wie sich durch Massenproduktion, Massenabsatz und Massenverbrauch die Investitionschancen im Inland erhöhen.
Es ist hier nicht der Ort, auf die Einseitigkeiten dieser Theorie einzugehen. Die Argumentation liegt indessen auf der Linie einer Neuorientierung des wirtschaftlichen Denkens, die die große Weltwirtschaftskrise am Ende der 20er Jahre herausgefordert hat und die für unser Jahrhundert mit dem Namen von John Maynard Keynes verbunden ist. Die Weltwirtschaftskrise hatte überall dem hemmungslosen Laisser-faire ein Ende gemacht. Es hatte sich die Einsicht durchgesetzt, daß der Staat in stärkerem Maße in die Wirtschaft einzugreifen habe, um vor allen Dingen soziale Sicherheit und Vollbeschäftigung zu erzielen und aufrechtzuerhalten. Infolgedessen rückte die Sozialpolitik von der Peripherie in das Zentrum der Wirtschaftspolitik: Die ganze Wirtschaftspolitik erfuhr eine sozialpolitische Ausrichtung, mit

der verglichen die bisherige Sozialpolitik als »punktuell« erscheinen mußte. Damit aber entstand die Frage, wie soziale Sicherheit und Vollbeschäftigung zu erreichen sind, wie sie mit den Mechanismen der kapitalistischen Wirtschaft zusammenhängen, mit den Konsumentscheidungen der Haushalte, den Investitionsentschlüssen der Unternehmer, der Einkommensverteilung, den Spargewohnheiten, der Bevölkerungsbewegung, dem technischen Fortschritt usw. Nicht daß man darüber bisher nicht nachgedacht hätte. Aber die klassische Theorie besaß keine eigentliche Lehre von der Beschäftigung; in ihrem Zusammenhang konnte Arbeitslosigkeit nur als eine vorübergehende Störung auftreten. Jahrelange Beschäftigungslosigkeit großer Massen, wie sie seit 1929 bis tief in die 30er Jahre hinein in vielen Ländern zu beobachten war, ließ sich mit den herrschenden wirtschaftspolitischen Anschauungen nicht in Einklang bringen. Keynes sagt dazu:
»Die klassischen Theoretiker gleichen euklidischen Mathematikern in einer nichteuklidischen Welt, die entdecken, daß scheinbar parallele gerade Linien sich in Wirklichkeit oft schneiden und denen kein anderes Mittel gegen die sich ereignenden bedauerlichen Zusammenstöße einfällt, als die Linien zu schelten, daß sie nicht gerade bleiben. Und trotzdem gibt es in Wahrheit kein anderes Mittel, als das Parallelenaxiom über den Haufen zu werfen und eine nichteuklidische Geometrie auszuarbeiten. Etwas Ähnliches wird heute in der Wirtschaftslehre benötigt.«
Keynes' »Allgemeine Theorie der Beschäftigung, des Zinses und des Geldes«, die im Jahre 1936 erschienen ist, versucht diese Lücke auszufüllen. Sie hat eine Revolution im wirtschaftswissenschaftlichen Denken ausgelöst, die bis heute noch nicht abgeschlossen ist. Keynes selbst sah in der Befolgung des von ihm gewiesenen Weges, wie er sich ausdrückt, »das einzige durchführbare Mittel, die Zerstörung der bestehenden wirtschaftlichen Formen in ihrer Gesamtheit zu vermeiden«.
Der Keynesianismus ist viel zu kompliziert, als daß wir ihn hier im einzelnen schildern könnten. Auf einige der Grundgedanken müssen wir indessen hinweisen. Dazu gehört zunächst die Kritik des Sayschen Postulats – mit dem Ergebnis, daß Vollbeschäftigung keineswegs das Normale sei, daß die kapitalistische Wirtschaft im Gegenteil dazu neige, sich auf einem Niveau der

Unterbeschäftigung ins Gleichgewicht zu bringen und hier zu verharren. Dem Vertrauen auf die automatische Selbstheilung und Selbstregulierung der Wirtschaft wird damit der Boden entzogen: Vollbeschäftigung ist ein Sonderfall, der sich nur unter bestimmten Bedingungen einstellt. Es kommt also alles darauf an, diese Bedingungen herauszuarbeiten und damit der Wirtschaftspolitik ein Instrumentarium an die Hand zu geben, sie zumindest annäherungsweise herbeizuführen. Das stößt, wie Keynes weiß, auf erhebliche Schwierigkeiten, da die Politiker und vor allem die Unternehmer in ihrer Mehrzahl unfähig sind, »zwischen neuen Maßnahmen zur Erhaltung des Kapitalismus und dem, was sie Bolschewismus nennen, zu unterscheiden«. Eine Schwierigkeit, die offenbar bis heute fortbesteht und aus der die Herrschaft der neoliberalen Schule zum großen Teil ihre Erklärung findet.

Die Beschäftigungslage einer Volkswirtschaft hängt nach Keynes ab von den Investitionen der Unternehmer; diese bilden sozusagen den Motor der Expansion, sie sind aber offenbar ihrerseits abhängig von Erfolgsaussichten, also von der Beurteilung der Situation, wie der sich daraus ergebenden Erwartungen. Die Wirkung der Investitionen auf die Einkommensbildung und damit auf den Wirtschaftskreislauf ist um so größer, je weniger Einkommen auf jeder Stufe gespart, je mehr also ausgegeben wird und dadurch seinerseits wieder Einkommen bildet. Auch das ist augenscheinlich abhängig von psychologischen Gegebenheiten – von dem, was Keynes die Neigung zum Konsum nennt. In diesen Zusammenhang funktionaler Beziehungen spielen nun eine Fülle von Faktoren hinein wie der Zins, die Grenzleistungsfähigkeit des Kapitals, die Liquiditätsvorliebe und vieles andere. Entscheidend aber bleibt, daß die Einkommensverwendung, die Art, wie das Einkommen aufgeteilt wird in Ersparnisse einerseits und Ausgaben andererseits – Ausgaben, wofür auch immer, sofern sie nur ihrerseits Einkommen schaffen –, der zentrale Punkt des ganzen Systems sind. Die »wirksame Nachfrage« – vereinfacht ausgedrückt: die Ausgaben der Unternehmer und der Verbraucher auf allen Stufen der Wirtschaft, also alles, was seinerseits Einkommen und damit erneute Nachfrage schafft – bestimmt das Niveau der Beschäftigung. Anders ausgedrückt: »Die Neigung zum Verbrauch und die Rate der Neuinvestitionen bestimmen unter sich

die Menge der Beschäftigung... Wenn die Neigung zum Verbrauch und die Rate der Neuinvestitionen zu einer unzureichend wirksamen Nachfrage führen, wird das tatsächliche Niveau der Beschäftigung hinter dem Arbeitsangebot... zurückbleiben.« Das ist der Kern der »Neuen Wirtschaftslehre«, aus dem sich alles Weitere ergibt.
Wenn diese Neue Wirtschaftslehre im wesentlichen aus der Weltwirtschaftskrise entstanden ist und infolgedessen vor allem sich mit dem Problem der Massenarbeitslosigkeit befaßt, so darf uns das nicht darüber hinwegtäuschen, daß wir in ihr die Ökonomik der Wohlstandsgesellschaft, das heißt: eines konsumorientierten Kapitalismus vor uns haben, wie er seit dem Übergang der Massenproduktion von Verbrauchsgütern im Entstehen begriffen ist. Keynes selbst hat darauf hingewiesen, insbesondere in seinem Aufsatz »Wirtschaftliche Möglichkeiten für unsere Enkelkinder«; in diesem Sinne wollte er die große Depression verstanden wissen als eine Anpassungskrise an strukturell veränderte Gegebenheiten. Mehr und mehr ist mit der Konsumgütermassenherstellung, von den Jahren der Krise abgesehen, das zentrale Problem der Wirtschaft weniger die Überwindung der Armut, des Mangels überhaupt, als der Verbrauch des immer größer werdenden Überflusses – die Absorption einer Unmenge von Gütern, die ein riesenhafter, sich ständig vergrößernder Produktionsapparat auf den Markt wirft. Die Vereinigten Staaten sind bekanntlich auf diesem Wege am weitesten fortgeschritten. Doch auch die meisten europäischen Länder, an ihrer Spitze Schweden und die Schweiz, befinden sich grundsätzlich auf dem gleichen Wege. Die Lösung der sozialen Frage durch eine breite Verteilung des Sozialproduktes ist für diese Art von Konsumkapitalismus eine Existenznotwendigkeit, weswegen Gewerkschaften und sozialistische Parteien, die auf eine solche breite Verteilung dringen, sozusagen systemnotwendig sind; ihre Aktivität dient – jenseits des »Klassenkampfes«, jenseits ihrer ursprünglichen Ziele schlechthin – der weiteren Expansion, damit den Interessen der Allgemeinheit und nicht zuletzt denen der Unternehmer. Nur ein Staatssozialismus wäre in der Lage, ihnen diese Funktion abzunehmen. Wobei zu bemerken ist, daß die breite Skala der staatlichen »Daseinsvorsorge«, die Tatsache, daß der Staat dreißig bis vierzig Prozent des Volkseinkommens an sich zieht und neu verteilt, also

der sogenannte »Wohlfahrtsstaat« einem solchen Staatssozialismus bereits sehr nahekommt, zumal die Wirtschaftspolitik dieses Staates nahezu überall so gelenkt wird, daß sie die wirksame Nachfrage günstig beeinflußt. Mit Ernest Zahn zu reden: Die soziale Frage liegt heute in der sozialen *Nach*frage – was vielleicht überspitzt formuliert, aber im Prinzip zutreffend ist. Diese soziale Nachfrage, eine Nachfrage, die von den breiten Massen getragen wird, ist nicht nur für die Volkswirtschaft als ganze von entscheidender Bedeutung, sondern selbstverständlich auch für die einzelnen Wirtschaftszweige und die im Wettbewerb stehenden Unternehmen. Die Massenkaufentscheidungen erhalten geradezu den Charakter von Investitionen. Und damit wird die Produktionsapparatur, mit ihren hohen und starren Kosten, in steigendem Maße abhängig von den psychologischen und soziologischen Imponderabilien, die diese Massenentscheidungen bestimmen. Die Kaufkraft ist, wie man gesagt hat, die Lebenskraft dieses Typs von Konsumgesellschaft.

Damit kommen wir zum Schluß. Wir haben gesehen, daß das 20. Jahrhundert drei Lösungen der sozialen Frage hervorgebracht hat: den Imperialismus, die bolschewistische Weltrevolution und die spätkapitalistische Wohlfahrtsgesellschaft. Der Mythos von Herr und Knecht wird von allen drei Lösungsversuchen aufgehoben; er erweist sich, jeweils im Inneren der drei Systeme, als absurd. Der Imperialismus und der Bolschewismus haben den Mythos nach außen getragen – der erste in Form seiner Rassenlehre, der zweite in Gestalt des revolutionären Internationalismus, der die »proletarische« und die »antikoloniale« Revolution zu vereinigen sucht. Dadurch ist für den konsumorientierten Wohlfahrtskapitalismus eine wahrhaft paradoxe Zwangslage entstanden: Er rückt überall in die alten imperialistischen Positionen ein – muß überall in sie einrücken, wenn er das Feld nicht dem Gegner überlassen will. Die Unterscheidung von »höheren« und »niederen« Rassen wagt dabei niemand mehr zu verwenden. An ihre Stelle ist eine andere Unterscheidung getreten – die von »unterentwickelten« und »entwickelten« Ländern. Das ist von vornherein eine Rückzugsposition, die der Bolschewismus mit der ganzen Macht der sozialen Mythologie von Herr und Knecht berennt. Der Bolschewismus genießt dabei das besondere Prestige, sich in der Sowjetunion aus eigener Initiative und eigener Kraft aus einem

»unterentwickelten« Land zu dem zweitgrößten Industriestaat der Erde emporgearbeitet zu haben. Darüber hinaus neigt er dazu, die Wettbewerbssituation mit dem Westen auf bestimmte technische Leistungen einzuengen, auf die sich keine der heutigen Volkswirtschaften in einem solchen Maße konzentrieren kann wie die Sowjetunion. Dazu kommt schließlich, daß die Sieger von 1945, insbesondere die Amerikaner, sowohl durch ihre Propaganda als auch durch ihre praktische Politik in der ganzen Welt ein Klima verbreitet haben, das alle »Freiheitsbestrebungen« ermutigt und überall die »Knechte« gegen die »Herren« mobilisiert hat. Das dadurch entstandene weltpolitische Gefälle wirkt sich heute nahezu überall gegen den Westen aus, der, wenn er seinen eigenen Überzeugungen folgt, eigentlich nur zustimmen könnte, wenn Land für Land sich »befreit«... Der Westen hat zwar die soziale Frage überwunden, nicht aber seine Herkunft aus dem 18. Jahrhundert: Seine zentralen Anschauungen, seine Ziele und seine Überzeugung sind unverkennbar aus der Mythologie von Herr und Knecht entstanden, sie tragen bis heute und bis in die Einzelheiten hinein deren Züge.
Wenn wir uns die Geschichte der sozialen Frage, wie wir sie hier, in diesen drei Kapiteln, skizziert haben, noch einmal vor Augen halten, so ergibt sich eine bittere Wahrheit. Der Mythos von Herr und Knecht hat, wie wir gesehen haben, in Europa zwei säkulare Phasen durchlaufen – die liberale Phase, die mit der bürgerlichen Revolution von 1789 bis 1830 endete und die zur Durchsetzung des industriellen Kapitalismus führte, und eine zweite, eine radikal-demokratische und schließlich sozialistische Phase, die 1848 in ganz Europa revolutionär in Erscheinung trat, aber gestoppt werden konnte durch das Bündnis des Bürgertums mit den konservativen Kräften der Gesellschaft und vor allen Dingen mit dem Staat. Dieses Bündnis fand in gewisser Beziehung im englischen Imperialismus seine Entsprechung. – Im 20. Jahrhundert wiederholt sich dieser Vorgang in einem weltpolitischen Maßstab. Dem anglo-amerikanischen Liberalismus tritt der radikale Bolschewismus entgegen. Die gegenwärtige Weltlage gleicht in mancher Beziehung der europäischen Lage von 1848. Allerdings mit einem entscheidenden Unterschied: Die konservativen Kräfte sind nahezu vollständig zerstört. Denn die Lösung der sozialen Frage war nicht ein Ausgleich zwischen Herr und Knecht, wie er Hegel vorgeschwebt

und wie er, ein halbes Jahrhundert später, das Denken von Lorenz Stein bestimmt hatte, sie brachte vielmehr – wenn nicht den vollständigen Sieg der Knechte, so doch den seiner Mythologie. Die Fragen des 18. und 19. Jahrhunderts sind längst zergangen. Die Antworten aber, die diese Jahrhunderte gegeben haben, terrorisieren eine Menschheit, deren »Befreiung« und »Beglückung« von verschiedenen Zentren, mit verschiedenen Methoden, aber im Zeichen einer im Grunde gleichartigen Mythologie betrieben wird. Gerade darin besteht der Weltbürgerkrieg der Gegenwart – der Kampf zweier Ausgestaltungen des Mythos von Herr und Knecht. Solange auf allen Seiten in den Kategorien dieses Mythos gedacht, geplant und gehandelt wird, scheint kein Ausweg aus der wahrhaft eschatologischen Situation möglich.

Vielleicht aber liegen in dieser weltweiten eschatologischen Erfahrung selbst die Keime einer Überwindung des furchtbaren Mythos. »Das Gerede verstummt vor den ernsten Wiederholungen der Geschichte.«

Literaturhinweise

Die nachfolgende Bibliographie nennt unter a) die im Text zitierten Quellenwerke. In Klammern ( ) ist hier das Jahr der Ersterscheinung genannt, im weiteren leicht erreichbare Ausgaben und deutsche Übersetzungen. Unter b) wird hingewiesen auf wichtige Sekundärliteratur, zum Teil auch auf Arbeiten, die die Grundgedanken weiterführen.
Vollständigkeit ist nicht beabsichtigt.

a) Quellen

Balfour, A. J.: Mr. Balfour on Imperial Preference. London 1910.
Bazard/Enfantin: L'exposition de la doctrine de Saint-Simon, (1830), eingeleitet und hrsg. von G. Salomon/Delatour: Die Lehre Saint-Simons. Neuwied 1962.
Bismarck, Otto v.: Gedanken und Erinnerungen. 3 Bde. Stuttgart–Berlin 1909–1921.
Blumenfeld, R. D.: R. D. B.'s Diary, 1887–1914. London 1930.
Boulainvilliers, Comte Henri de: Histoire de l'Ancien Gouvernement de France. 3 Bde. Haag 1727.
Burke, Edmund: Thoughts and Details on Scarcity, (1795), Works, Bd. V. Boston 1869.
Chamberlain, Austen: Politics from Inside: An Epistolary Chronicle, 1906 to 1914. London 1936.
Chamberlain, Joseph: Mr. Chamberlain's Speeches (edited by Charles W. Boyd). New York 1914.
Comte, Auguste: Rede über den Geist des Positivismus, (1844), französisch-deutsch. Hamburg 1956.
Oeuvres de Condorcet, publiées par A. Condorcet-O'Connor et F. M. Arago, 12 Bde. Paris 1847–1849; Neudruck: Marie Jean Antoine Nicolas de Caritat, Marquis de Condorcet: Oeuvres, Nouvelle impression en facsimilé de l'édition Paris 1847–1849. Stuttgart–Bad Cannstatt 1968.
Defoe, Daniel: Robinson Crusoe. London 1719.
Diderot, Denis: Jacques le Fataliste et son maître, (geschr. 1772), deutsch: Jakob und sein Herr. Stuttgart–Wien–St. Gallen 1950.
Dilke, Charles: Problems of Greater Britain. London 1869.
Disraeli, Benjamin: Sybil, or: The two Nations, (1845). Penguin Books 1954.
Disraeli, B.: Coningsby, (1844), Everyman's Library. London–New York 1948.
Disraeli, B.: Tancred oder: Der neue Kreuzzug, (1847). Berlin 1936.

Ferguson, Adam: Abhandlung über die Geschichte der bürgerlichen Gesellschaft, (1767). Jena ²1923.
Fichte, Johann Gottlieb: Der geschlossene Handelsstaat, (1800). Leipzig o. J. (Reclam).
Ford, Henry: Mein Leben und Werk. Leipzig 1923.
Frantz, Konstantin: Louis Napoléon, (1852). Darmstadt 1960.
Freyer, Hans: Theorie des gegenwärtigen Zeitalters. Stuttgart 1955.
Gehlen, Arnold: Moral und Hypermoral. Eine pluralistische Ethik. Frankfurt a. M.–Bonn 1969.
Hegel, Georg Wilhelm Friedrich: Phänomenologie des Geistes, (1807), hrsg. von J. Hoffmeister. Leipzig ⁵1955.
Hegel, G. W. F.: Grundlinien der Philosophie des Rechts, (1821), hrsg. von J. Hoffmeister. Hamburg 1955.
Hegel, G. W. F.: Nürnberger und Heidelberger Schriften, 1808–1817, Werke, 4. Bd. Frankfurt a. M. 1970.
Hilferding, Rudolf: Das Finanzkapital, (1901). Berlin 1955.
Hobson, John Atkinson: Imperialism. A Study. London ⁵1954.
Keynes, John Maynard: Allgemeine Theorien der Beschäftigung, des Zinses und des Geldes, (1936). Berlin ³1955.
Keynes, J. M.: Politik und Wirtschaft, Männer und Probleme. Ausgewählte Abhandlungen. Tübingen–Zürich 1956.
Kidd, Benjamin: The Science of Power. London 1918.
Lenin, Wladimir Iljitsch: Werke. Hrsg. vom Institut für Marxismus-Leninismus beim Z. K. der KPdSU, Berlin, Übersetzung nach der 4. russ. Aufl., 54 Bde., 1963–1971.
Mackinder, Halford J.: Democratic Ideals and Reality: A Study in the Politics of Reconstruction. London 1909.
Mackinder, H. J.: The Geographical Pivot of History, Geographical Journal, XXIII, April 1904, in: Democratic Ideals and Reality, with additional papers. New York 1962.
McCulloch, J.-R. (Ed.): A Select Collection of Scarce and Valuable Economic Tracts. London 1859.
Malthus, Thomas: Eine Abhandlung über das Bevölkerungsgesetz, (1798). Jena 1925.
Marx, Karl/Engels, Friedrich: Werke. Hrsg. vom Institut für Marxismus beim Z. K. der SED. Berlin ⁸1959–1965, Bd. 1–39, 2 Ergänzungsbände (1967/68).
Millner, Alfred: Our Imperial Heritage. London 1910.
Mohl, Robert von: Die Geschichte und Literatur der Staatswissenschaften. In Monographien dargestellt, 3 Bde. Erlangen 1855–1858.
Pareto, Vilfredo: Les systèmes socialistes, 2 Bde. Paris ²1926.
Pearson, Charles: Darwinism, Medical Progress and Eugenics. London 1912.
Pearson, C.: Social Problems: Their Treatment, Past, Present and Future. London 1912.
Péguy, Charles: Notre Jeunesse. Paris 1920.
Ricardo, David: The Principles of Political Economy and Taxation, (1817). Everyman's Library. London–New York 1911.
Riehl, Wilh. Heinr.: Die Naturgeschichte des Volkes als Grundlage einer deutschen Sozial-Politik, 4 Bde. Stuttgart–Tübingen 1854–1869.
Robespierre, Maximilien: Discours et Rapports à la Convention. Paris 1965.
Rousseau, Jean-Jacques: Oeuvres Complètes, Bibliothèque de la Pléiade. Paris 1959 ff. (bisher 4 Bde.).

Rousseau, J.-J.: Über Kunst und Wissenschaft – Über den Ursprung der Ungleichheit unter den Menschen, dt. Übersetzung des 1. und 2. Discours, hrsg. von K. Weigand. Hamburg 1955.

Saint-Simon, Claude Henri de: Oeuvres des Claude-Henri de Saint-Simon et d'Enfantin, Publiées par les membres du conseil institué par Enfantin, 47 Bde. Paris 1865–1878.

Schmitt, Carl: Politische Romantik. Berlin 1925.

Schmitt, C.: Der Nomos der Erde. Köln 1950.

Schmitt, C.: Der Begriff des Politischen. Texte von 1932 mit einem Vorwort und drei Corollarien. Berlin 1963.

Schmitt, C.: Die geistesgeschichtliche Lage des heutigen Parlamentarismus. Berlin ³1961.

Schumpeter, Joseph A.: Kapitalismus, Sozialismus und Demokratie, (1942). Bern ²1950.

Seeley, John Robert: Die Ausbreitung Englands, (1883), Bis zur Gegenwart fortgeführt von Michael Freund. Berlin–Frankfurt a. M. 1954.

Shaw, G. Bernard (ed.): Fabian Essays. London 1948.

Shaw, G. B.: Fabianism and the Empire: A Manifesto by the Fabian Society. London 1900.

Siéyès, Emmanuel: Qu'est-ce que c'est le tiers état? Paris 1789.

Sombart, Werner: Die Anfänge der Soziologie. In: Die Hauptprobleme der Soziologie. Erinnerungsausgabe für M. Weber. München 1923.

Sorel, Georges: Décomposition du marxisme. Paris 1908.

Sorel, G.: Les illlusions du progrès. Paris 1908.

Sorel, G.: Réflexions sur la violence. Paris 1908 (dt.: Über die Gewalt. Frankfurt a. M. ²1969).

Sorel, G.: Materiaux d'une théorie du Prolétariat. Paris 1919.

Sorel, G.: De l'utilité du pragmatisme. Paris 1921.

Stein, Lorenz von: Gesellschaftslehre. Stuttgart–Augsburg 1856.

Stein, L. v.: Geschichte der sozialen Bewegung in Frankreich von 1789 bis auf unsere Tage, (1850), hrsg. von G. Salomon, 3 Bde. München 1923; Neudruck Darmstadt 1959.

Stein, L. v.: Verwaltungslehre, Neudruck der 1.–2. Aufl. 1866–1889, 8 Teile in 10 Bdn. Aalen 1962.

Tocqueville, Alexis de: Erinnerungen (¹1893, ²1942). Stuttgart 1954.

Tocqueville, A. de: Oeuvres complètes, Edition definitive publiée sous la direction de J.-P. Mayer. 12 Bde. Paris 1951 ff.

Volney, Constantin François: Ruines, (1791), deutsch von G. Forster, neu hrsg. von Robert Habs. Leipzig o. J. (Reclam).

Walter, Gérard: Écrits de la période révolutionaire 1789–1799, 5 Bde. Paris 1936–1955.

Webb Sidney: Twentieth Century Politics: A Policy of National Efficiency. London 1901.

Webb, Sidney and Beatrice: The History of Trade Unionism. London 1920.

b) Sekundärliteratur

Arendt, Hannah: Elemente und Ursprünge totaler Herrschaft. Frankfurt a. M. o. J. (1955).
Arendt, H.: Über die Revolution. München o. J. (1966).
Bendix, Ralph: Herrschaft und Industriearbeit. Untersuchungen über Liberalismus und Autarkie in der Geschichte der Industrialisierung, (1956). Frankfurt a. M. 1960.
Böhme, Helmut: Prolegomena zu einer Sozial- und Wirtschaftsgeschichte Deutschlands im 19. und 20. Jahrhundert. Frankfurt a. M. 1968.
Boursin, E.: Dictionnaire de la Révolution française. Paris 1893.
Brie, Friedrich: Der Einfluß der Lehren Darwins auf den britischen Imperialismus. Freiburg in Baden 1927.
Brinton, Crane: The Shaping of the Modern Mind. New York [5]1959.
Bury, H. B.: The Idea of Progress. London 1924.
Clark, Colin: The Conditions of Economic Progress. London 1940.
Conze, Werner: Die Strukturgeschichte des technisch-industriellen Zeitalters. Köln 1957.
Deutscher, Isaac: Stalin: Die Geschichte des modernen Rußland, (1941), Stuttgart 1951.
Fischer, Wolfram: Industriebetrieblicher und sozialer Status der frühen Fabrikarbeiterschaft, (1964). In: Fischer-Bajor (Hrsg.): Die soziale Frage. Neuere Studien zur Lage der Fabrikarbeiter in den Frühphasen der Industrialisierung. Stuttgart 1967.
Forsthoff, Ernst: Rechtsstaat im Wandel. Verfassungsrechtliche Abhandlungen 1950–1964. Stuttgart 1964.
Faÿ, Bernard: Die große Revolution in Frankreich 1715–1815. Übers. von Olga Maxis Bordogna und Herrmann Rinn. München 1960.
Faÿ, B.: La Franc/Maçonnerie et la révolution intellectuelle du XVIIIe siècle. Paris [2]1961.
Fourastié, Jean: Die große Hoffnung des XX. Jahrhunderts, (1949). Köln-Deutz 1954.
Freund, Michael: Georges Sorel: Der revolutionäre Konservatismus. Frankfurt a. M. 1932 (Neuausgabe 1972).
Froude, J. A.: The Eearl of Beaconsfield. London 1890.
Geck, L. H. Adolph: Über das Eindringen des Wortes »sozial« in die deutsche Sprache. Göttingen 1963.
Godechot, J.: Les révolutions (1770–1789). Paris 1963.
Groethuysen, Bernhard: Die Entstehung der bürgerlichen Welt- und Lebensanschauung in Frankreich, 2 Bde. Halle 1927.
Gurian, Waldemar: Die politischen und sozialen Ideen des französischen Katholizismus. Mönchen-Gladbach 1929.
Halévy, Élie: Histoire du socialisme européen. Paris 1948.
Halpérin, Vladimir: Lord Milner et l'évolution de l'impérialisme britannique. Paris 1950.
Hazard, Paul: Die Herrschaft der Vernunft. Das europäische Denken im XVIII. Jahrhundert, (1949). Hamburg 1949.
Jantke, Carl: Der vierte Stand. Die gestaltenden Kräfte der deutschen Arbeiterbewegung im 19. Jahrhundert. Freiburg 1955.
Kaltenbrunner, Gerd-Klaus (Hrsg.): Rekonstruktion des Konservativismus. Freiburg i. Br. 1972.
Kesting, Hanno: Geschichtsphilosophie und Weltbürgerkrieg. Deutungen der Geschichte von der Französischen Revolution bis zum Ost-West-Konflikt. Heidelberg 1959.

Kesting, H.: Lenin und das Wesen des Kommunismus. In: Alfred Weber: Einführung in die Soziologie. München 1955.

Kojève, Alexandre: Introduction à la lecture de Hegel. Paris 1947 (dt. Teilausgabe: Hegel. Versuch einer Vergegenwärtigung seines Denkens. Stuttgart 1958).

Koselleck, Reinhart: Preußen zwischen Reform und Revolution (1786–1848). Allgemeines Landrecht, Verwaltung und soziale Bewegung. Stuttgart 1967.

Kulischer, Josef: Allgemeine Wirtschaftsgeschichte des Mittelalters und der Neuzeit, Bd. II. München ²1958.

Labrousse, C. E.: La crise de l'économie française à la fin de l'Ancien Régime et au début de la Révolution, 2 Bde. Paris 1943.

Leroy, Maxime: Histoire des idées sociales en France, 3 Bde. Paris 1946–1954.

Leroy, M.: Le socialisme des producteurs. Henri de Saint-Simon. Paris 1924.

Löwith, Karl: Von Hegel zu Nietzsche. Stuttgart ²1950.

Marcuse, Herbert: Vernunft und Revolution. Hegel und die Entstehung der Gesellschaftstheorie, (1941). Neuwied 1962.

Mayer, J. P.: Alexis de Tocqueville. Prophet des Massenzeitalters. Stuttgart ²1955.

Maurois, André: Lord Beaconsfield, (1927). Frankfurt a. M. 1952.

Michels, Robert: Zur Soziologie des Parteiwesens in der modernen Demokratie, (1910). Stuttgart ³1970.

Mornet, Daniel: Les origines intellectuelles de la Révolution Française. Paris ⁵1954.

Pankoke, Eckart: Sociale Bewegung – Sociale Frage – Sociale Politik. Grundlagen der deutschen »Socialwissenschaft« im 19. Jahrhundert. Stuttgart 1970.

Ramm, Thilo: Die großen Sozialisten als Rechts- und Sozialphilosophen, I. Bd. Stuttgart 1955.

Rostow, Walter W: Stadien wirtschaftlichen Wachstums. Eine Alternative zur marxistischen Entwicklungstheorie, (1960). Göttingen 1960.

Schieder, Theodor: Staat und Gesellschaft im Wandel unserer Zeit. Studien zur Geschichte des 19. und 20. Jahrhunderts. München 1958.

Schmidt, Werner: L. v. Stein. Ein Beitrag zur Biographie, zur Geschichte Schleswig-Holsteins und zur Geistesgeschichte des 19. Jahrhunderts. Eckernförde 1956.

Schwonke, Martin: Vom Staatsroman zur Science Fiction. Eine Untersuchung über Geschichte und Funktion der naturwissenchaftlich-technischen Utopie. Stuttgart 1957.

Semmel, Bernard: Imperialism and Social Reform. London 1960.

Stein, Ludwig: Die soziale Frage im Lichte der Philosophie. Jena ²1905.

Talmon, Jakob Leib: The Origins of Totalitarian Democracy. London 1961 (dt.: Die Ursprünge der totalitären Demokratie. Köln–Opladen 1963).

Talmon, J. L.: Political Messianism: The Romantic Phase. London 1960 (dt.: Politischer Messianismus. Die romantische Phase. Köln–Opladen 1961).

Wehler, Hans-Ulrich (Hrsg.): Imperialismus. Köln–Berlin 1970.

Wolgin, W. P.: Die Gesellschaftstheorien der französischen Aufklärung. Aus dem Russischen (1958) von B. Schröder. Berlin 1965.

Namenverzeichnis

Alexander d. Gr. 16
Arendt, H. 54
Ashley, W. J. 72
Asquith, H. H. 72

Baader, Fr. X. v. 63
Babeuf, G. 43
Baden-Powell, Lord 76
Bazard 47
Beauvoir, S. de 7
Bendix, R. 7
Bérard, V. 72
Bismarck, O. v. 65
Blatchford, E. 72
Blumenfeld, R. 72
Boisguillebert, P. de 16
Bonsanquet, B. 73
Born, St. 64
Boulainvilliers, Comte de 16 ff., 21, 24, 26, 37, 45, 68, 78
Bradley, F. H. 73
Brunot, F. 28
Burgund, Herzog v. 16
Burke, E. 43 f.

Castro, F. 9
Cavaignac, L. E. 57
Chamberlain, A. 70
Chamberlain, John 77
Chamberlain, Joseph 71 f.
Chamfort, N. 31
Chlodwig 16
Clark, C. 85 f.
Comte, A. 47 f.
Condorcet, M. J. A. N. de Caritat, Marquis de 27
Cromer, Lord 78
Cunningham, W. 72

Darwin, Ch. 73
Davidson, J. 77
Defoe, D. 12–15
Demolins, E. 77
Dickens, Ch. 66
Diderot, D. 19, 22, 37, 40
Dilke, Ch. 72, 76
Disraeli, B. 66–70, 72 f.
Donoso Cortès 56 f.
Dubos, Abbé 16
Duclos, Ch. P. 22

Echtermeyer, Th. 62
Edison, Th. A. 89 f.
Edmonds, Th. R. 66
Enfantin, Prosper 47
Engels, Fr. 54, 57, 66

Fay, B. 28
Fénélon, F. de Salignac de la Mothe 16
Ferguson, A. 15, 24
Fichte, J. G. 40, 46 f.
Ford, H. 88 ff.
Fourastié, J. 86 f.
Frantz, K. 57 f.
Franziskus v. Assisi 9

Galton, F. 73, 75
Gans, E. 54
Gentz, F. 43
Gneist, R. 65
Green, T. H. 73
Grey, E. 72, 77
Guizot, F.-P.-C. 32, 34

Haeckel, E. 74
Haldane, R. B. 72
Harkort, Fr. 62
Hegel, G. W. F. 7 f., 22, 28, 34–41, 43, 49, 52 ff., 59, 95
Heine, H. 49
Herder, J. G. v. 40
Herzen, A. 57
Hess, M. 57
Hilferding, R. 79 ff.
Hobbes, T. 36
Hobson, J. A. 79 ff., 87, 89 f.
Hodgskin, Th. 66
Huxley, T. H. 74
Hyppolite, J. 36

Jesus 9
Johnson, L. B. 79
Juliano, F. 9

Kant, I. 40
Karl d. Gr. 17
Kennedy, J. F. 79
Ketteler, W. E. 64
Keynes, Lord J. M. 89–93
Kidd, B. 72 f.
Kipling, R. 72
Kojève, A. 7, 34
Kolping, A. 64
Koselleck, R. 70
Krupskaja, N. K. 79

Laclos, P. A. F. Choderlos de 29
Lasalle, F. v. 45
Lenin, W. I. 9, 79, 81–83
Leontjef, W. 84
Locke, J. 14
Ludwig XIV. 16 f., 29, 74

Mably, G. B. de 22
Mackinder, H. H. 72
Maistre, J. de 43
Malthus, Th. R. 45, 88
Mao Tse-tung 9
Maréchal, S. 43
Marlo, K. 63
Marx, K. 7, 37, 49–59, 61, 65 f., 84 ff.
Mayer, O. 64

Merleau-Ponty, M. 7
Metternich, K. L. W. v. 41, 43
Millner, V. 72
Morelly 22
Mornet, D. 28
Mummery, A. F. 89

Napoleon I. 34 f., 40 f.
Napoleon III. 57 f.
Niethammer, F. I. 8

O'Connor, F. E. 67 f.
Oppenheimer, F. 16

Pareto, V. 78
Pearson, Ch. 72–75
Proudhon, P.-J. 50, 57

Queneau, R. 7

Ranke, L. v. 42
Ravenstone, P. 66
Rhodes, C. 70, 78
Ricardo, D. 45, 88
Riehl, W. H. 63
Rocquain, F. 27
Rodbertus, J. C. 88
Roosevelt, F. D. 10
Rosebery, Lord 72
Rosenkranz, K. 38
Rostow, W. 79
Rousseau, J. J. 12, 20 ff., 24, 26, 36
Ruge, A. 62
Rüstow, A. 16

Sade, D.-A.-F., Marquis de 29
Saint-Pierre, B. de 12
Saint-Simon, C.-H. de 43, 47, 49
Saint-Simon, L. de Rouvroy, Herzog v. 16
Sand, G. 52
Sartre, J. P. 7
Say, J. B. 88, 90 f.
Schelling, F. W. J. 34
Schulze-Delitzsch, H. 64
Seeley, J. 72, 76

Seillière, A. 16, 22
Semmel, B. 70
Shaw, B. G. 72
Sharp, Cl. 72
Siéyès, Abbé 31 f., 34, 37
Sismondi, Ch. L. S. de 48, 88
Smith, A. 15, 25
Sorel, G. 56
Spencer, H. 73 ff.
Stein, Lorenz v. 42, 58–65, 68, 88, 96
Stein, Ludwig 18
Sterne, L. 22
Stewart, J. D. 38

Thierry, A. 16
Thompson, W. 66
Tocqueville, A. de 42
Townsend, J. 44
Toynbee, A. J. 9

Trotzki, L. D. 79
Turgot, A. R. J., Baron de L'Aulne 28

Varnhagen, R. 54
Vauban, S. le Prêtre de 16
Vauvenargues, L. de Clapiers, Marquis de 20
Viktoria, Königin 69
Volney, C. F. 24

Wagner, A. 64
Webb, S. u. B. 72
Weil, E. 40
Weismann, A. 75
Winkelblech, K. G. 63

Zahn, E. 94